舵手图书
STEERMAN BOOK

读懂投资 先知未来

舵手汇

www.duoshou108.com

亚当理论

威尔斯·威尔德（Welles Wilder）/著

山西人民出版社

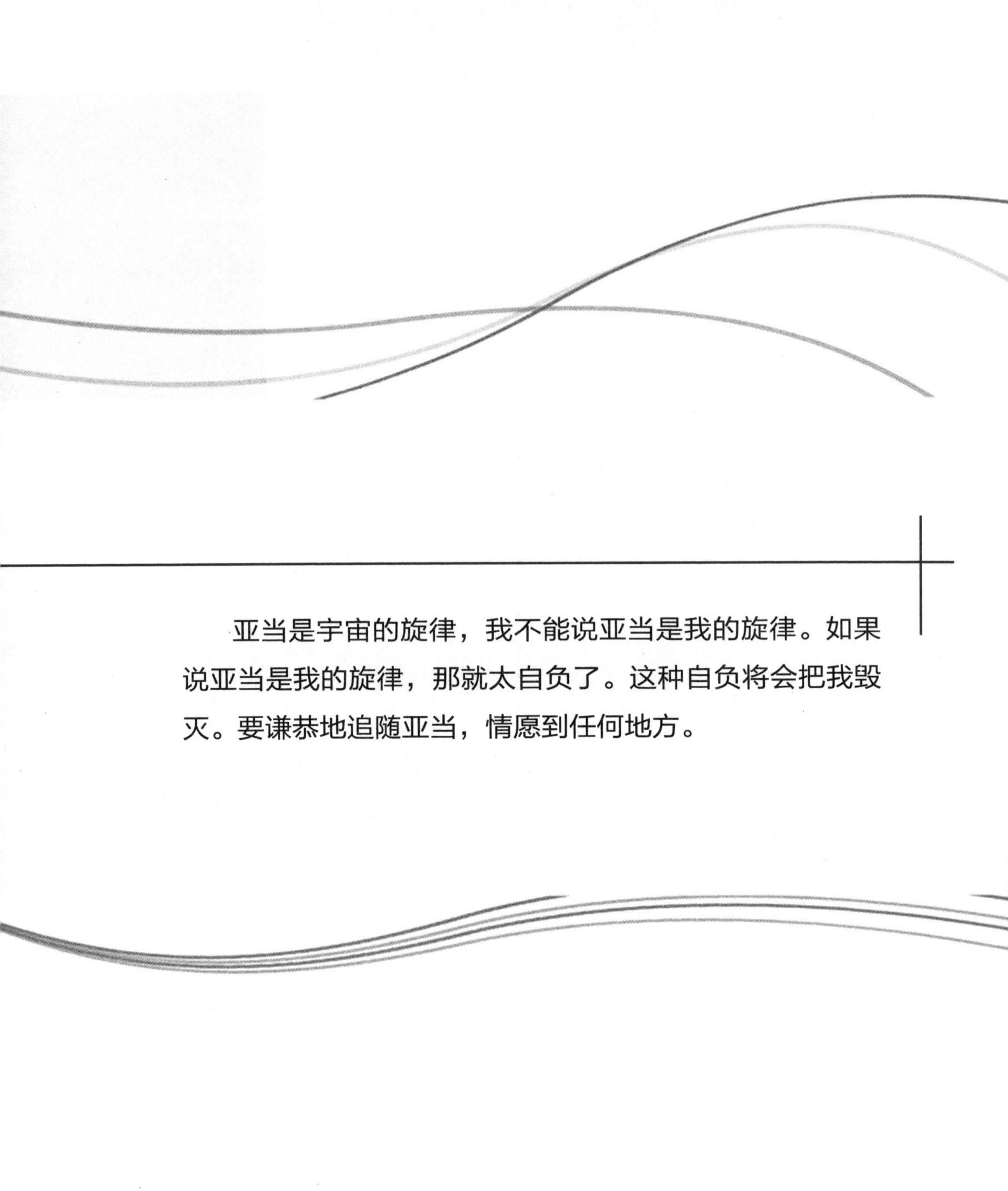

亚当是宇宙的旋律，我不能说亚当是我的旋律。如果说亚当是我的旋律，那就太自负了。这种自负将会把我毁灭。要谦恭地追随亚当，情愿到任何地方。

如果我逆流而上，河流就好像残酷的敌人，不停地冲击我，阻挠我。然而河流并不对抗任何人，它以它亘古不变的方式流淌。如果我能融入河流的旋律，顺从它，以它的方式行事，那么生命一或者交易一就会成为轻松、安详、美丽的漂流。

——吉姆·斯罗曼

图书在版编目（CIP）数据

亚当理论/（美）威尔德著；包文兵译．太原：
山西人民出版社，2012.3
ISBN 978-7-203-07476-2

Ⅰ．①亚　Ⅱ．①威　②包　Ⅲ．①股票　证券交易　基本知识　②期货交易　基本知识　Ⅳ．①F830.9
中国版本图书馆CIP数据核字（2011）第226199号

著作权合同登记号　图字：04-2011-039

亚当理论

著　　者：（美）威尔德
译　　者：包文兵
责任编辑：武　静
装帧设计：蒋宏工作室

出 版 者：山西出版传媒集团　山西人民出版社
地　　址：太原市建设南路21号
邮　　编：030012
发行营销：0351-4922220　4955996　4956039
0351-4922127（传真）　4956038（邮购）
E-mail　：sxskcb@163.com　发行部
sxskcb@126.com　总编室
网　　址：www.sxskcb.com

经 销 者：山西出版传媒集团　山西人民出版社
承 印 者：三河市利兴印刷有限公司

开　　本：710mm　1000mm　1/16
印　　张：12
版　　次：2012年4月第1版
印　　次：2015年9月第4次印刷
书　　号：ISBN 978-7-203-07476-2
定　　价：36.00

如果印装质量问题请与本社联系调换

序

1983年秋季，我接到一位素不相识的，名叫吉姆·斯罗曼的人打来的电话。吉姆称他发现了市场的奥秘，愿意高价卖给我。他说，如果我能前往芝加哥，他就会把他的发现展示给我看。

我之前接到过无数次这类电话，结果都是无的放矢，因此我问了吉姆几个有关他发现的问题。看样子吉姆已经发现了一套方法可用来预测市场的未来走势……也就是，下一个高点和低点何时会发生。很明显，这套方法不是根据市场上的任何知名方法如江恩理论、艾略特波浪理论或是其他理论衍生而来的。

我问吉姆，我如何知道他要卖给我的东西具有价值。他说，如果我前往芝加哥，他会展示给我看，然后我再决定要不要买。我完全被吉姆所说的迷住了，因此决定冒个险，买张机票，花费我一天的时间到芝加哥一趟。

到了芝加哥，吉姆向我展示了他的发现，他将其称为三角洲理论（DELTA）。我惊奇地认识到，吉姆发现所有市场实际上存在着完美的秩序。弄清楚这个秩序，便能很准确地预测市场未来长期走势。而且，方法非常简单，没有数学运算，以前也从未有人发现。我完全被我所看到的震惊了。

我当场支付了吉姆一大笔钱作为版权费用，之后便搭晚上的班机飞回格林斯博罗。我花了六个月时间，回溯过去多年的资料，以证明三角洲理论是真实的。我也应用到其他许多吉姆未曾用过的市场。待所有研究完成后，我发现，不管我采用的数据多么久远，三角洲理论在应用到以前的资料时与现在的数据具有同样的准确性。（写作时，是1987年，它继续保持着与历史上相同的准确性。）

1985年，我成立了三角洲国际学社（DSI）。这个秘密学社的成员可以共享三角洲理论预测未来市场反转点的信息。这些信息在2000年之前可以随时取得，2000年之后未尚可知。

前文所述是我为下文铺垫的背景资料。事实上，没有这些背景资料，我接下来要讲的可能没人会相信……或者说，你会认为我是个不折不扣的白痴。

* * * * *

1985年春季，在我完成了所有关于三角洲理论的历史研究之后，我邀请吉姆到格林斯博罗评估我所做的工作。相处大约一周左右，我们变得更加熟悉，吉姆又发表了另一番引人注意的言论。

威尔斯，我发现三角洲理论是想解决这样一个问题：市场有没有秩序存在？答案就是三角洲理论。最近我又问了另一个问题。问题是，在市场上怎样操作才能真正赚到钱？换种方式表达就是，在市场上获得成功背后的基本原则是什么。那些应用这些原则的人，有意或者无意，都能在市场上大获成功。这是另一个不同的问题。

几个月后，吉姆说，“那个问题的答案我愿以100万美元的价格卖给你。”

我回答说，“我要考虑一下。”

* * * * *

我所知的吉姆·斯罗曼是个什么样的人呢？他天资聪慧，其智能最早在高中时代就表现突出，那时他在全美高中生数学测验中名列前茅。之后获得普林斯顿大学的全国资优生奖学金，在那里他在特优班修习了数学和物理学。

自上大学以来，吉姆已经完成了多项工作，不断寻求自我满足。他做过公司领导人，成为非常成功的企业界人士，但他却感觉失去了什么。他写过小说，也在哥伦比亚大学学习过电影导演。他做过股票经纪人，也做过一阵子的商品交易员，但是由于性格的原因而辞掉了这份工作。最近，他一直在实验如何通过观察让事物明朗化。

吉姆拥有极不寻常的能力，能以全新的方式探索问题然后有所发现。他能完全忘记或搁置他对某个问题的知识，在不受问题影响的情况下，找出正确的答案。事实上，这也就是他能够发现三角洲理论的唯一方法。

我记得吉姆对交易了解颇深。他曾被邀请加入芝加哥的交易员小组。这个小组是从好的交易员、差的交易员以及其他的交易员中选择，目的是相互学习。他们也可以凭借小组交易的规模效应，获得非常可观的佣金优惠。我也知道吉姆并不想以交易为生，他真正想做的事是有时间思考——发掘新思想，发现新概念。

我知道吉姆对于“在市场上成功背后的基本原则是什

么”这个问题有深入的见解。他希望我先支付部分款项，让他能够继续从事研究，等全部完成后，我再支付余额，获取答案。

* * * * *

除了吉姆·斯罗曼，三角洲理论的发现者，任何人如果做出这样一个轻率的声明，说他已经发现了在市场上赚钱的真正奥秘，愿意以100万美元卖给我，我可能会觉得很好笑!

1985年12月7日，我在南加州付清了100万美元的款项。我所学到的理论就是你在本书中将要学习的，毫无二致。

* * * * *

还有一件事要在此澄清。为什么？为什么我付出了100万美元的代价学习这套理论，却要出版如此廉价的书籍？答案有三点，我会根据其重要性，以相反的顺序一一陈述。

当然，钱是考虑的因素之一。这本书的售价是经过深思熟虑的（编辑注：原书售价65美元）。如果这本书免费奉送或是售价低廉，许多人就会不屑一顾，因为价值高的知识是不会免费奉送的。如果定价太高，则会令许多要一览本书的人望而却步。因此，我设法将这两个极端折中，将书价定在合理的范围。此外，本书大部分利润也会捐给不属我控制的信托账户，这个信托致力于积极帮助全世界无助的儿童。

另外一项理由是，让这个理论传播，对身为交易者的我并无影响。我知道，越多人了解这个市场的知识，其实用性就会越低。然而，理论所涵盖的概念越概括，即使有许多人了解，对市场的影响也很小。比方说，在19世纪，技术分析的道氏理论公诸于世之前，类似支撑或阻力的概念非常有效，原因是知道这些概念，会用这些方法的交易者很少，如果真的有的话。今天，每位技术交易者都知道支撑和阻力线——但由于这个概念具有概括性，因此它们还是很有效的工具。本书出版后，亚当理论的效用也会降低，但由于具有概括性，降低的程度是轻微的。

最重要的理由是，我希望将这项发现公诸于世。能够做出这样的贡献是我的荣幸。

我也很高兴吉姆·斯罗曼能因发现亚当理论而得到肯定，并能享受这份荣耀。

* * * * *

最后要一提的事是，三角洲理论和亚当理论谈论的都是关于市场的对称性。三角洲理论谈论的是外部对称，亚当理论讨论的是内部对称。两种理论都是吉姆·斯罗曼发现的。

前言

许多年来，“技术分析”一直是期货交易运用的基本方法。最近，技术分析也成为股票交易的有效方法。

何谓技术分析?

技术分析是指，利用市场实际交易产生的信息分析市场的方法。这些信息包括价格、成交量和未平仓量。在对各种市场进行分析时，信息被命名为新高新低、涨停跌停，量涨、量缩等等。

随着电脑的问世，在极短的时间内完成大量技术信息的分析成为可能。于是，在所有市场中，技术分析大量涌现。很多具有操作理念的人设计了多种不同的系统和方法，把交易者搞得不知所措。而且，惊人的事实是，所有这些方法和系统都只是基于来自于实际交易的三个信息：价格、成交量和（期货交易中）未平仓量。

“技术”变成了创新交易技巧和快速获利的别称。交易者购买电脑和交易软件的速度飞快，为了满足对“技术”的无尽需求，一个全新的产业兴起了。技术分析杂志应运而生，对“技术”进行评估并创造新的商业市场。软件应用小组也开始筛选各种现有“技术”，为小组成员提供最佳软件。

参加这些小组的交易者在交易时可以同时拥有50种或更多不同的技术分析方法以供选择。他们可以任选其中的一部分，在每天下午收盘后，运行这些工具来分析市场。交易者可以将电脑设定在自动状态，几小时或更短的时间内所有的分析结果都会呈现在眼前，以供分析和次日交易使用。每隔几周，就会有新的、更好的、更能盈利的系统添加进来。任何时候操作不顺利……就能换成另外一套系统。

这听起来很复杂？简单点说，“每一个交易者最终会找到一个超级系统并坚持使用下去，从此开始高高兴兴地交易”，这样一个疯狂的场景符合逻辑吗？

当代最伟大的一位期货交易商，他只在几年之内，便通过交易赚进了至少1亿美元。杂志访问他时，他回答说：

从事交易不需要了解太多，比你看到的还要少。

他进一步指出，交易不可避免地包含着各种各样的他不关

注的东西。

我付给吉姆·斯罗曼100万美元学习亚当理论——就是这本书中表现的概念。这一概念没有省略任何内容。我学到的第一件事是——

从事交易所要了解的比大部分人想象的还要少。

我学到的第二件事是——对有些事要视而不见。

1

亚当理论是——

亚当理论是关于在市场中操作获利的理论——世界上任何自由交易的市场。亚当理论指导人们用特殊的方式观察市场，并且运用比较特别的方法进行市场操作。亚当理论是最纯粹、最简单，并且最容易用于在市场上操作获利的方法——仅仅利用了市场本身所透露的信息。

但是亚当理论的作用又不限于此。亚当理论指明了市场未来最可能运行的方向。运用亚当理论的技术，交易者能够预测并确实看到行进的路线。之后，交易者可以自问，“我要不要交易？”如果答案是肯定的，就立即进场。

亚当理论适用于任何分析周期。也就是说，亚当理论可以运用到日线图、周线图、月线图、小时线图、5分钟线图等。亚当理论是可以用眼睛看到的东西。简单的条形图就可以看得很清楚，不必用到数学。

现在，利用日线图，回到刚刚的问题，“你要不要交易？”答案是“要”，所以交易者进场交易。第二天，交易者再一次运用亚当技术，得到市场最可能运行的路线。然后他自问，“我还要继续交易吗？”答案早晚有一天会是“不”，此时亚当技术会告诉交易者如何出场。

亚当理论只需要靠观察市场本身所透露的信息就能做到这些——从不随意借助任何工具。亚当理论是最简单最纯粹的概念——然而大部分交易者却无法理解。

吉姆·斯罗曼这样表示：

“亚当理论关心的问题是：市场成功背后的基本原则是什么？

“或者换种方式表达，亚当理论关心的是下面句子中空白部分要填什么：为了在市场中成功，我们必须__________。

“那些在市场中交易成功的人是否有意无意地遵循着一些共同的原则？”

* * * * *

“要注意，关于市场的理论或发现其如何运行，与在市场上获利是有差别的。亚当理论主要不在于讨论市场或市场如何运行，它是关于在市场中取得成功的秘诀，这两者是不同的。

“可以打赌，越伟大的秘诀就越简单。这就是为什么亚当理论会被忽视的原因，因为它太简单了。人类的头脑特别偏好复杂困难的事，喜欢挑战以搞懂他们，却无法理解简单的事：‘这真是伟大的真理吗？怎么会如此简单得离谱？’”

* * * * *

“亚当理论谈论的是根本性的道理，只讨论什么东西管用。它可能看起来不够新鲜也不够复杂，但这就是它的功能。可以看到，亚当理论讨论的不是应该发生什么事，或什么事令人印象深刻。它只讨论一件事——什么事情真正地，事实上起作用。一切都很简单，一点都不复杂。

“但是当我们思考时，真正关心的只有一件事：什么事管用？其他的一切可能会很有趣，但是不重要。”

2

神话故事……

现在，你一定急于破门而入，一探亚当理论的究竟，一定希望立刻知道如何找出“未来市场最可能运行的路线”。我们可以这么做——直接讨论这个问题，再用二三十页的篇幅结束本书。但如果我们这样做了，很少有人能够真正体会、了解、赏识个中奥妙，以及最重要的——从中获益。

吉姆花了一年多时间，集中全力研究和发展亚当理论。当读完这本书时，你会发现，在书中学到的许多道理，你会认为自己早已经知道了！你之所以会这么觉得，是因为这些道理十分简单。这是一个似非而是的说法。除非你理解这些道理，否则还不算真正知道。要理解那些自认为早就知道的道理（其实你并不知道），唯一的方法就是弄明白为什么你还没真正知道。

这就是为什么你一定要从头学习亚当理论的原因。别想一步登天！本书内容所述不厌其烦，读者要按部就班地学习，才能体会这个概念的逻辑性、优美性和纯粹性。即使这样，许多读者还是无法真正明白——因为除非身体力行，否则不会真懂——也就是说要在市场上付诸实践。

现在，就请全神贯注地阅读吉姆·斯罗曼书写的现代神话故事。

* * * * *

从前，有一个被施了魔法的地方叫市场乐园（Marketland），那里的人们从早到晚在玩一种迷人的游戏叫做市场（The Market）。游戏规则是这样的：它每天都会上涨或下跌，玩游戏的人针对结果下注。一个很简单的游戏。

但也有复杂的地方，因为市场乐园里所有玩家对于市场走向都有自己的意见。

而且他们不止是有意见而已。玩家们有各自的系统、方法、证据和分析，用来支持自己的观点。他们有所谓的达克底尔数列、普东提夫波浪、詹东直线和齐格达数律分析法。有欧伯特、卡尼恩大师们流传下来的传说，还有所谓的存货、盈余、资金流研究以及星象图和四阶谱分析的利器，所有这些都令人着迷。没错，玩家们有许多令人叹为观止的法宝。

不过问题是，有时他们用自己的方法预测市场会往某个方向走，而事实上市场走势却恰恰相反。这种事情从来不会叫身处其中的每一个人惊奇，他们会花很长的时间，讨论市场何以会如此倒行逆施。结果，他们通常会认为这只是市场的暂时出轨现象，而他们所用的方法、所作的分析，完好如昔。

有一天下午，一个名叫“正确”先生的玩家碰到一件怪事，之后他整个人都变了。“正确”先生曾经深入研究过阿哲霍夫数字，成为了市场乐园中这方面公认的行家。现在阿哲霍夫数字明白显示市场要涨，所以“正确”先生建立了多头。

不幸的是，“正确”先生大规模买入后，不久市场开始下跌。这并没有叫“正确”先生太过忧虑，因为他笃定市场会上涨。然而市场却不予理会（真是造化弄人），一跌再跌又跌。“正确”先生开始变得十分焦虑和消极（这种事情不难理解，因为我们都经历过这种状况），但他还是认为一切很快就会好转，市场会快速反转，走它应该走的路。

既然所有的神话故事里都有小孩子，这里也不例外。“正确”先生有一个五岁的漂亮女儿叫“眼前”（Herenow）。正当他为自己的悲惨命运仰天长叹时，“眼前”走了进来。察觉到气氛有点不对劲，她开口询问发生了什么事。

“哦，没什么，小宝贝，你不会懂的。简单来说，市场应该要上涨，但是却没有。”

“爸爸，这就是你说的市场吗？是不是屏幕上的这根线？”

“对。”

小“眼前”走过来，专注地看着屏幕上的锯齿形线。然后她说：

“喂，爸爸，我对市场一无所知，但从这根线来看，似乎只跌不涨啊。”

“小宝贝，这就是你不懂的地方了。你看，阿哲霍夫数字显示，市场绝对、肯定在这里要涨的。”

“我知道，爸爸，但现在看起来就是往下走嘛。”

“不止是这样的，宝贝，墨林沙频率也明确指出，市场在这里应该非涨不可。”

“我知道，但现在看起来就是往下走嘛。”

“你不明白，宝贝，当阿哲霍夫数字和墨林沙频率吻合时，市场就必定要往那个方向走。”

小“眼前”一脸迷惑，她又走过去，仔细看着屏幕。

“你说的东西，我全不懂。爸爸，我也不了解市场。但是现在看起来这条线就是要往下走。不是吗？”

“正确”先生一时语塞，定定地看着他五岁的女儿，“眼前，你再说一遍好吗？”

“爸爸，就是现在，市场看上去要往下走。就是这样。我说错了吗？”

“不，亲爱的，没有——一点也没错。”

就在那时，某种灵感迅速闪入“正确”先生脑中。那些年来苦研阿哲霍夫数字和墨林沙频率的情形，以及其他种种都浮现在眼前。他再次看了看小女儿，拿起电话卖掉所有多头头寸。不仅如此，他还大肆放空。

现在，“正确”先生换了个人。他把以前用来钻研阿哲霍夫数字等理论的时间用来打高尔夫，用来跟家人共享天伦。朋友们都认为他变得很奇怪，因为他不再对那些与市场有关的迷人系统、方法和统计数字感兴趣。

但是“正确”先生一点都不介意，因为他正在赚钱，而且大赚特赚。

3

为了在市场中成功，我们必须——

不管涉及金额多寡、时间先后，只要是进场交易过的人，都有过“正确”先生的体验。接下来的几章，我们会学习一些在现代神话故事中明确提到过的，非常重要的事情。

第一件事就是上述问题的答案。如果我们要向100个交易者问这个问题：为了在市场上成功，我们必须__________。那么我们会得到很多不同的答案。我敢说，绝对没有一个人能给你正确的答案。正确的答案已经在神话故事中戏剧性地提出来了。

在第一章第一节中吉姆·斯罗曼引述的一段文字曾经提出过这个问题，这里复述一遍。

“亚当理论关心的问题是：在市场中成功背后的基本原则是什么？

“或者换种方式表达，亚当理论关心的是下面句子中空白部分要填什么：为了在市场中成功，我们必须__________。

“那些在市场中成功的人是否有意无意地遵循着一些共同原则？”

思考一分钟，看看你能不能确定“正确”先生做了什么——真正做了什么，以致能在市场游戏中获胜。

记住，当读完这本书，你会觉得，书中的大部分内容你早已经知道了。但是在你翻开下一页之前，我向你挑战，请你就上述问题至少给出三个猜测。给你提示：答案是一个词。

如果你猜的词是“投降”，那么你是班上的优等生。

“正确”先生赔钱的时候做错了什么事呢？事实上，他做错了一大堆事。其中一件就是他竟敢在对抗——与市场对抗。市场走势对他不利，市场与他为敌——取走了他的金钱。

那么他又做对了什么事呢？他做对的事就是投降。他不再逆流而上，而是回过身来顺流而下。

下文是吉姆·斯罗曼说的一个真实的故事。

“我曾经碰到过一位极为杰出的专业交易员，我们称他为罗伯特。罗伯特每周都会进出市场，赚得盆满钵满。当时我还是一个刚刚开始在芝加哥交易的新手，运气还不错，有一阵子还在他旁边操作。我们是所谓的“楼上”交易员；在芝加哥商品交易所旁边一栋大楼的办公室里操作。有一天早上，大概是我开始交易一周之后，我很早就进到办公室，看到罗伯特一个人在里面，那时我们交易的是标准普尔500指数，很自然的，我借此机会问他对当天的走势有什么看法。他的回答真令我大吃一惊。

“‘我不知道。’罗伯特说。

“‘你是不想告诉我吧。’我说。

“‘不。’罗伯特说，‘我说的是实话。我真的不知道市场会怎么走。’

“现在想想，我那时恐怕是一脸茫然地看着他，因为我根本不知道他在说什么。

“最后，我说：‘罗伯特，你显然是这里最出色的交易员之一，你真的对今天的市场走势没有什么想法？’

“‘确实如此。’

“‘那么……那么……你怎么交易？’

“‘说了你也不会相信，’罗伯特说，‘你真的不会相信的。’

“‘或许你说的没错，不过，不妨让我试试。’

“罗伯特看了看我。‘好吧，’他说，‘这么说吧，如果市场上涨，我会买一些。如果再上涨，我会再买一些。再涨，我再买。如果市场下跌，我会卖出一些。如果再下跌，我会再卖一些。如果再跌，我再卖。’

“这听起来是不是很愚蠢？荒唐？太过简单？

“当时我没弄懂这番话（想当年，我还是一个愣头愣脑的傻小子），但是那天早上罗伯特其实已经把交易成功的不二法门传授给了我。后来我在其他每一位真正成功的交易者身上都看到过这一点。说穿了，那就是：

“他们决不、从不让任何有关市场的意见左右自己的操作。”

* * * * *

“为了在市场上成功，我们必须投降。”

* * * * *

“向市场投降，在某种意义上意味着放弃。这表示我们要放弃对市场怀有的一切意见、判断和结论。这件事情之所以这么难以做到，是因为我们经年累月花费无数心血研究市场，才累积下来这些自以为与众不同的高见。

“换句话说，我们在这些自认为知道的事情上付出了很多。要放弃有点困难，特别是考虑到两者结合似乎很吸引人。我们会问：‘为什么不可以呢？为什么不可以两种并用——亚当理论和我们工具箱里面已有的东西不能相容并济吗？’

“可惜，它是行不通的。或者我们完全超脱地接近市场，或者不能完全超脱地接近市场。我们可以这样说，亚当就像个嫉妒心强盛的情妇。

“它要求我们一无所知地接触市场。

“如果我们接近市场的同时还想着自己对它多少有点了解，那么失败的种子便已经种下了。这并不是说我们一定会赔钱。任何好的系统和方法，几乎都可以赚上一阵子钱。但是迟早（往往不久），就会产生恶果。

“为什么？因为市场瞬息万变。只有全然无知的人，才会因为拥有充分的弹性而能够适应。否则，我们会为了保护某些头寸而被牢牢抓住：‘它本来应该是这么走的。’

“鬼话。真正重要的是：它此刻正在走哪一条路？或者，换句话说：

“要在市场上真正获得成功，我们必须用五岁孩子的眼光来观察市场。

“因为假使五岁的小孩真的会去注意市场的话（不得不承认，他们实在是太聪明了而不做这件事，他们宁愿在太阳底下玩耍），他们不会带着日积月累的思想包袱去观察。他们的眼光是全新的。”

* * * * *

"为了在市场上成功，我们必须投降。"

4

交易不需要懂太多

当代最伟大的一位交易者在一次访问中被问到他是如何有今天的，他答道：

“从事交易不需要了解太多，比你看到的还要少。”他进一步指出，交易不可避免地包含着各种各样的他不关注的东西。

“正确”先生曾经花了多年时间研究阿哲霍夫数字和墨林沙频率，他对这方面的大量知识投入了相当多的时间和精力。他也掌握了欧伯特、卡尼恩大师们流传下来的不朽之作。事实上，他是这个领域闻名遐迩的行家。根据自己的知识和经验，他的注意力集中在自己所了解的市场。然而也正是这方面的知识使他没办法看到真实的一面。

吉姆是这样说的：

“在市场上获得成功的第三大障碍并非我们对市场不够了解，而是我们懂得太多了。我们要能够忘记自以为懂得的一切知识，才能更好地‘看’清楚真正发生的事情。

“换句话说，我们必须愿意投降，跟随市场的脚步——而不是试图把它纳入我们的意见和‘知识’的框架中。

“这是不是意味着资金流动研究和各式各样的基本分析都必须放弃？

“是的，必须放弃。

“不这么做的话，我们对市场的看法就不会完全超度。我们会在不知不觉中预期市场的走势。

“这是不是意味着，所有的技术分析包括成交量、涨跌趋势、未平仓合约数量、收益率差价、周期分析、波浪结构等等，都要放弃？

“是的，都要放弃。

“这些分析不仅无法有效预测，而且这种预测和分析只会蒙蔽我们的视野，让我们无法直接见到事实。这些分析就好比看待市场方式的‘甩干机’。甩干的代价非常之高，因为在分析市场的时候，它带走了第三重要的要素——我们的无知。

“能够预测固然很好，但是当预测与现实背离时，我们必须跟着现实走；能够分析固然很好，但是当分析与现实背离时，我们必须跟着现实走‘知识丰富固然很好，但是当知识与现实脱节时，我们必须跟着现实走。那么什么是现实？很简单，现实就是市场目前实际的走向。

“我们必须让自己反映市场，追随市场，屈从于市场。我们必须愿意放弃自认为了解的事，这样我们才能直接看清市场的真面目。

“这种想法是不是太过简单？不够复杂？不值一提？

“请记住，人类头脑容易接受复杂的事物，而不太能接受简单的事物，原因是它实在太简单了。我们脑子里会说：‘就这个东西？这么简单的东西？’我们的头脑难以认定它有何价值，因此惨遭冷落。

“同时请记住，我们这里谈论的是——什么东西管用。不是关于什么事情重要，什么事情复杂，而只是非常简单的事情——什么东西管用。遗憾的是，从心里来说，它实在太过简单，不值得去理解。

“如果我们进出市场是为了挣钱，刚刚说过的就是铁一般的真理。相反的，如果我们在市场中只是为了玩乐或有所‘行动’，或只是为了享受市场的迷人之处，那又另当别论了。

“如果是为了玩乐，那么我们应该花时间阅读报纸杂志上所有有关市场的报道，征集意见和热门小道消息，每天花更多的时间去做分析。还有最重要的，要收集关于市场的新‘知识’。

“因此我们应该扪心自问：我们真的是为了赚钱才入市的吗？这真是我们的兴趣所在吗？如果是这样，我们应该学着去做一些非常简单，同时又非常困难的事情（因为我们内心不想接受它）：学会放弃，学会向市场屈服。”

* * * * *

“有一位交易员，姑且称呼他为‘威廉’吧，他大概是我见过的最杰出的交易员了，我曾有幸在很长一段时间内可以观察他如何交易。即使在其他非常优秀的交易员中，他也是一位传奇人物，不断地赚进大把钞票。

“在私人生活中，他是个不太成熟的人，但是看他在市场中操作却有如欣赏伟大的艺术家或运动员挥洒自如一样。他根本就没有所谓的系统（顺便提一下，我对这事百思不得其解，而且很长一段时间不肯相信），也没有任何意见或分析，而且从不试图用任何方法预测市场。他太聪明了，不会去做这种傻事。那么他是怎么做的呢？他跟随市场，同时保持充分的灵活性。

“有一次他做多40手标准普尔500指数，而且正打算增加头寸，谁知市场突然跳空向下，跌了30点。多数人碰到这种情形，一定按兵不动，难以置信地盯着屏幕，威廉却不是这样。

“他拿起电话，确认屏幕上看到的，然后立刻卖掉50份合约，等于做空10手。接下来一分钟左右的时间内，他建立了60份合约的空仓。也就是说，他在一分钟之内由做多40手变为做空60手。而他因为做空赚进了可观的利润。

“这个戏剧性的转变，给了我一些启示，在许多其他场合也获得了证实：威廉最关心的是保持灵活性，因此他能如实地反映市场。他决不允许任何形式的意见妨碍他的灵活性。而他的成果也说明了一切。”

5

市场中关键是什么?

这个问题的最终答案是“每天赚多少钱”。我们稍后会得到这个答案，而第一个步骤的答案是：

价格。价格是最重要的。价格就是现实。交易者对市场所知的每一件事都会反映在价格上，市场自身所知的每一件事，也会反映在价格上。价格反映了成交量、未平仓合约数量等一切信息的结果。

价格是我们唯一想要观察的东西，因为价格反映了市场正在做什么。所有的基本面都包含在价格中，包括供给和需求。价格说明了一切。

吉姆说：

“之前所说过的无非是一句话：价格是唯一要紧的。当我们观察市场时，其他都不重要，因为其他每件事情都会反映、总结、归纳到价格上。每一件事。”

* * * * *

价格就是现实。

6

“是”与“应该”

“正确”先生关心的是应该会出现什么。大部分交易者全心关注的，也是应该发生什么。所有基本面的考虑，都是基于应该会发生什么。如果一种商品的供给量充足，那么市场应该下跌；如果收成不佳，那么需求大于供给，价格应该上涨。如果说艾略特波浪还差一点没完成，那么市场应该上涨。如果相对强弱指标（RSI）高于80，那么市场应该向下反转。我们的思想一直围绕着什么事应该发生，市场应该怎么做。但是在市场上，这些事都不重要，重要的是正在发生什么事——意思是说，我们要注意价格当前正在有什么改变。

吉姆说的话更有力：

“如前所述，最伟大的秘诀和原则总是最简单的。简单的事一再为人们所忽略，正因为它太明显，以致人们视而不见。

“如果我们真的好好想一想，好好想一想，我们会发现，市场之中唯一要紧的，是它目前往哪个方向走。其他一切事都——完全——无关。如果世界上每一种系统和方法都显示某一特定市场此刻应该下跌，而事实上它却在上涨——那么上涨才是目前的走向。这才是最重要的。

“重申一遍：凡是表明市场应该如何表现的说法都是绝对无关紧要的（注：不一定错误，只是无关罢了），唯一要紧的是市场目前实际的表现。

“是的，这表示，我们喜欢运用的市场分析和思考方式通通都得丢弃——不只是降低其重要性或部分舍弃，而是要彻底抛弃。

“为什么？因为两者水火不容。如果我们参考某种系统或方法——即使只是部分使用，或稍微利用，或‘只是看看它怎么说’——仅是这种程度我们就无法完全专注于市场目前的动向。

“‘眼前’过人的优势在于她对市场一无所知，不会有所牵绊，所以她能直接看清市场，没有迷雾或滤光镜干扰视野。”

避免武断

辞典上对“武断”一词的定义是“妄下决定或任意决定”。最单纯最简单的交易方式就是避免武断。有没有武断的例子可供参考？我们不妨设计一个所能想象出来的最武断的交易系统来说明。

假设我们声称我们的任意一笔交易都不会亏损超过300美元。为什么是300美元呢？为什么不是200美元或400美元呢？这可能是我们能做出来的最武断的事情了。这个行为根本与市场目前的表现无关。在某些市场中，300美元的止损位可能太多。但在其他市场中，可能根本不够。

假设我们的系统也指出，我们应该设定1000美元的目标，某笔交易的利润一旦达到1000美元，我们就出局。我们不禁又要问，为什么是1000美元？这跟市场目前的走势有什么关系？

比较不武断的做法是，根据平均每日波幅设定止损位。如果市场因波动而使高低价差增大，那么视情况拉远或拉近止损点。但如此一来，又面临另一个问题：我们要用多少天来计算平均波幅？深究到底，我们所做的每一件事情几乎都含有武断的成分。

假设我们愿意让市场本身来决定我们的交易法则。想法不错。但是如何做到这一点呢？我们或许会说，当市场突破前一个高点后，我们会买进。很好——但是，是前面的哪一个高点呢？最后一个？最有意义的那一个？我们又该如何定义有意义呢？

上述例子是关于我们做的最没有武断色彩的事，因为我们让市场告诉我们，它在进入新的领域，也就是要走到某个地方——某个最近不曾到过的地方。

我们可以不必设定300美元的止损点，例如，假设我们是多头，可以把止损点刚好设在市场最近的低点下方。这是我们能够做到的最不武断的事——但是要找哪一个最近的低点呢？

1000美元获利出场的目标又如何？最不武断的行为是让市场告诉我们何时获利了结。其中一种方法就是顺着交易的方向不断移动止损点，直到触发止损出场为止。

从这里明显可以看出，如果我们要用最简单最单纯的方法进行交易，任何最不武断的事情我们都会愿意尝试。我们会愿意让市场告诉我们应该如何操作。

我们不想做的事，是把我们的意见加诸市场之上——我们不会去告诉市场它应该怎么做，我们愿意屈服在它目前的走势之下。如果我们目前所做的正是市场正在做的事，那么我们肯定会赚钱……而这正是进出市场最重要的事。

8

交易系统

亚当理论是一个完整的交易系统。运用亚当理论时，我们总会知道要交易什么——往哪个方向，何时进场，何时离场。要拥有一个交易系统，我们还需要知道些什么？然而，亚当理论仅根据市场本身所透露的信息就能做到所有的事——而不是根据我们认为的市场会如何。例如，亚当理论决不寻找顶部和底部。事实上，亚当理论总是找不准顶部和底部。如果你静下心来想一想，寻找顶部和底部难道不是你能想到的最武断的事情吗?

亚当理论重视的是实际情况如何——而不是事情应该如何。亚当理论并不武断，因为它不是根据我们设定的限制条件去运作。亚当理论很简单，简单到五岁小孩都能交易。

在我们探讨亚当理论的内容之前，我们必须谈谈什么是系统——因为亚当理论就是一种系统。为了理解和欣赏亚当理论，我们必须清楚它跟其他系统的差别在哪里。因此，为了便于讨论，我们不妨先看看其他一些系统。

首先，如果我们要设计一个完美的交易系统，那么我们希望这个系统是怎样的呢？

简单？是的。我相信越基本的东西就越简单。比方说，核能的发展就是基于一个非常简单的公式，即能量等于质量乘以光速的平方。事物越复杂，脱离其本质就越远。

跟随市场？是的，要重视市场实际的表现，而不是它应该有的表现。

适应性？当然。它应该具有灵活性，能够迅速地适应，甚至立即反映任何市场状况。

能处理任何时间范围？是的，不管是一周的时间，还是30分钟的时间，它应该运行得一样好。

不能落后？没错，它应该能够立即反映市场上的任何变化。

衡量准确？是的，没有我们的干预——市场会自我衡量。

不武断？最重要的——不能武断。

反映市场？或许你永远不会这么说！是的，必须要顺势而为——完全屈服于市场的当前行为。

* * * * *

现在我们来看一些人们在市场交易过程中比较常用的系统、工具和指标，以便理解我们尝试定义的完美系统。（事实上，根本没有所谓的完美系统，我们应该说，我们只是试图通过定义方法中的要素，找出一个完美的概念。）

“移动平均线”怎么样？移动平均线确实跟随市场。它们不会告诉我们“应该”发生什么。但是它们相当武断，因为必须有人来决定使用多久的时间范围，而且它滞后于市场。

“摆动指数”如何？例如，最常用的一种摆动指数是相对强弱指标（这是我在好几年前发明的）。它的目的是选取反转点，因而落入了“应该”的框架。它也相当武断，因为必须有人来决定应该使用多久的时间范围。

“周期指标”如何？周期试图找出顶部和底部，知道“应该”发生什么。周期可能是复杂的，然而它根据的是市场目前的实际表现，而非武断的天数，因而是最不武断的方法之一。

“艾略特波浪理论”如何？这是一种相当复杂的预测工具，倾向于“应该”发生什么。但这里要提的是，所有这些方法操作起来可能是有效的。我们并不是说，这些方法不管用，或管用，我们只是试着用一些已经熟悉的方法来深入了解某个概念。

“线性回归”如何？不是很武断，但倾向于“应该”。它也是滞后指标。

“反向意见”如何？因为试图预测市场的反转点，故不外乎“应该”的套路，也是滞后指标。

“趋势线”如何？倾向于预测未来的走势，而且有点武断，画线时依赖于点和时间范围的选择。然而，趋势线也是最不武断的工具之一，因为市场本身会决定趋势线所画的位置。

* * * * *

我们还可以继续说下去，但是我认为，要确定概念，这些已经足够了。我们要找一个有别于其他所有系统的交易系统。它必须注重“目前实际的状况”，而不是“应有的状况”；它必须反映市场并迅速适应；它必须只包含市场本身透露的信息，不能含有我们的武断因素；它必须是单纯、简单的。

既然我们知道自己要找的是什么，我们将一步一步地观察吉姆如何发展亚当理论。但是首先，在我们离开“系统”之前，看看吉姆对系统有些什么看法。

* * * * *

“交易时最有效的法宝，竟是最简单最显而易见的，这样一个事实着实令我大吃一惊。你要知道，这里信奉的基本原则是如此简单，简直叫人不寒而栗。我们头脑中要找的是某种可以帮我们把每一件事都处理妥当的系统——这里买进，那里卖出——系统可以自动处理，不需要我们观察市场，研究其本质的系统。

“但是我能告诉你真相吗？（不管怎么说，至少以我的理解能力，真相是无限的，而我这个小脑袋瓜子却非常非常的有限。）不管什么系统，迟早都要失败的。这倒不是因为系统不好，而是因为这是每一个系统的性质中所固有的。

“理由是，市场能精确反映其生命本身——永远相同，也永远在变化。或者更精确地说，本质永远相同，表面永远在变化。

“亚当理论处理市场的本质，总是这样。但是这种本质，只有与市场‘交相契合’的个人意识才能真正理解。这种‘交相契合’永远在变化，即使它的基本原则保持不变。

“请注意，所谓的交相契合，是一种无为、屈服。它不是一种‘计算’市场动向的方式，而更像是一种对市场的直接感知，就像一个五岁小孩会做的那样。这也就是为什么我们关于市场的所有‘知识’最终都只会沦为绊脚石的原因。

“设计一个总是会准确告知买点和卖点的自动系统并不难，特别是利用电脑。这样的东西如今比比皆是。而且，只要设计得当，总能用上一阵子。但是之后，它就会失败——通常会失败得很惨。而且当失败发生时，似乎找不到理由解释。这时我们会说：‘可是它曾经运作得这么好！’

“事实上，期货市场专业杂志最近收录了不少这种现象。几年之前，各种‘电脑系统’基金表现得很好。如今，大部分都输得很惨。为什么？

“这些系统的设计者似乎认为，原因在于他们忽略了一些应该改进的地方，只要稍加调整，照样创造奇迹。或许可以吧，但我怀疑。至少这不是一劳永逸的办法。

（别误会我的意思，我完全不反对使用电脑。相反，我很迷电脑。事实上，我正是用电脑来写这些东西的，除此之外，不想用别的方法来写。）

“不管有没有用到电脑来处理，自动系统只能处理市场的表面现象，而这是在不断变化的。因此它们总是稍微落后，用来交易以前的市场是可圈可点，但用来处理不可预测的未来则稍欠火候。

“我们这个时代最杰出的交易者不依赖于自动交易系统，这绝非偶然（尽管有时他们将其作为一个因素来关注）。

“其中有一位说过（去年他赚了约800万美元）：‘我试图控制资金回撤。要想收益表现一致而且控制资金回撤的风险，唯一的办法就是亲自作决策。’

“他补充说：‘如果做多的合约下跌——即使图形看上去不错，所有的数字和系统都可能说，“去吧，做多”——我知道我有麻烦了。’

“另一位有这样一段话：‘系统本身有时能赚钱，但过程像是坐在一叶扁舟里，在汪洋中挺过恐怖的风暴。这个过程我不喜欢。’

“也有人这么说：‘曾经有一段时间，我所有的系统都在跳水——我坐在那儿眼巴巴地看着。我已经做好准备，如果情况没有改观，两天之后，我就从窗户跳出去。’

“可能是20世纪最伟大的一位交易员这样说过：‘我想，有一种演变趋势，倾向于数字与判断并用。我想，光是搜寻和阅读数字的人，手上不会剩下什么钱。’

“换句话说，在市场上成功，与‘知识’和分析并没有太大关系，要紧的是，你有没有能力保持清醒，有没有能力撤手，随着市场的不断改变而改变。”

9

市场上关键是什么?

最终，市场上关键是每天的获利。

市场上最基本的是价格。

市场上另一件关键的事是趋势。

趋势是关于价格的一切。

我们要问，何谓趋势？我们如何定义趋势——任何种类的趋势？在我念中学的时候，有一阵子流行穿白鹿皮皮鞋，我们都会随身带着一小袋粉笔灰以便随时随地保持皮鞋洁白如新。每一个讲究体面的人都得有一双这样的鞋子。这就是一种趋势。这到底是怎么一回事呢?

大家看法一致？不见得。

大家的行动相似？有这么一点味道。

大家都想跟别人一样？能更具体点吗?

大家行动一致？接着说——

这是一种群体行为？再猜一次！

人有模仿天性？很接近答案了。

趋势的最基本定义是什么？市场上的价格趋势是怎么一回事？如果你真的要打破砂锅问到底，如果你把它分解到最简单的成分，你会怎样定义价格趋势？

请记住，我们这里谈论的是简单的事。“眼前”会怎么回答这个问题？当你读完本书，你会认为书上学到的每件事你几乎早就知道了。我向你挑战，在你阅读下一页之前，先对“何谓趋势”这个问题，猜三次答案。

10

何谓趋势?

趋势就是一再重复的事。

答案就是这么简单。一再重复的事。我们能找到比这更基本的定义吗?

找不到。

既然我们正处于起步阶段，不妨再来问下一个逻辑性的问题。

重复的最基本形式是什么?

假设在二维空间里有两个点。

我们有A点和B点两条信息。利用这两条信息和其他所有可用的信息，找出C点位于何处，C点最合理的位置在哪里。

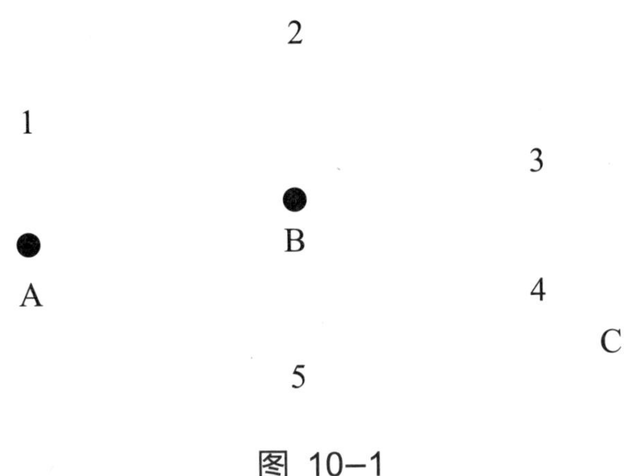

图 10-1

这个问题的解将给出上面那个问题的答案，“一再重复的最基本形式是什么？”

在你翻开下一页之前，请圈出最能代表C点合理位置的数字。

11

一再重复的最基本形式是什么样子？

精确重复。

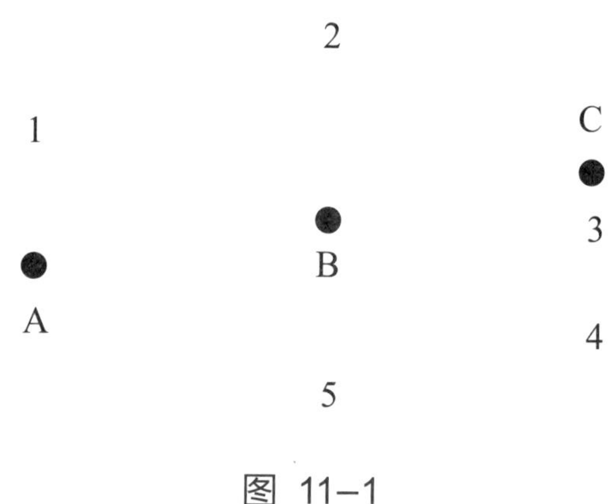

图 11–1

C点一定在3的位置。这是精确重复的唯一位置，是使用所有可用信息找到的唯一位置。

换种方式来说，假设我们坐飞机追踪一艘潜艇，唯一的信息是这艘潜艇最先出现在A点，接下来在B点。这是我们获得的所有信息。接下来潜艇最有可能的位置是在何处呢？答案是C点。

比起二维空间中任何一点，C点更能满足行进中的趋势。它是根据A点和B点推估出来的。

现在，下一个合理的问题是，精确重复会产生什么情形?

假设我们把重心放在B点，然后衡量另外两点相对于B点的情形，关于A点和C点我们能说些什么吗?精确重复会产生什么情形?

在你阅读下一页之前，花几分钟时间想一想。

12

精确重复会产生什么情形?

对称。

精确重复导致了对称。

我们再来看看这几个点。假设B点是“现在”时点，B点左边部分是“过去”，右边部分是“未来”。

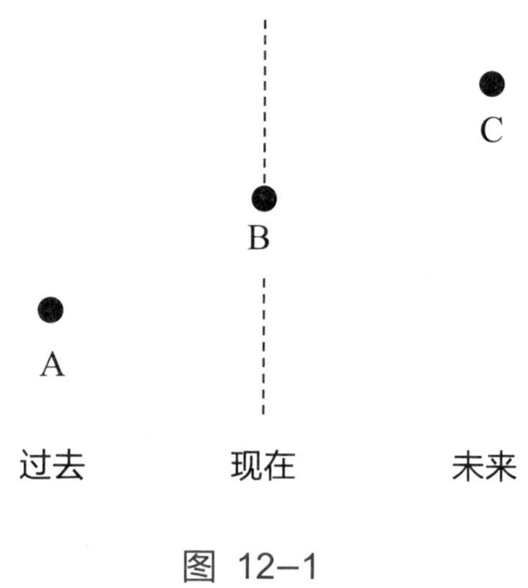

图 12–1

如果我们知道A点在哪里，也知道B点在哪里，我们就知道C点最可能的位置在哪里。现在我们再问另一个问题。C点这次可能的位置在哪里？下图中哪个数字是C点第二个最有可能的位置？

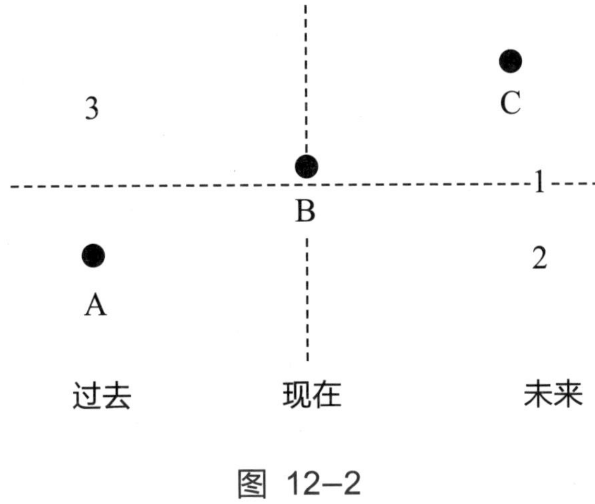

图 12–2

答案是2。C点第二个可能的位置是2，因为它是A点的轴对称。

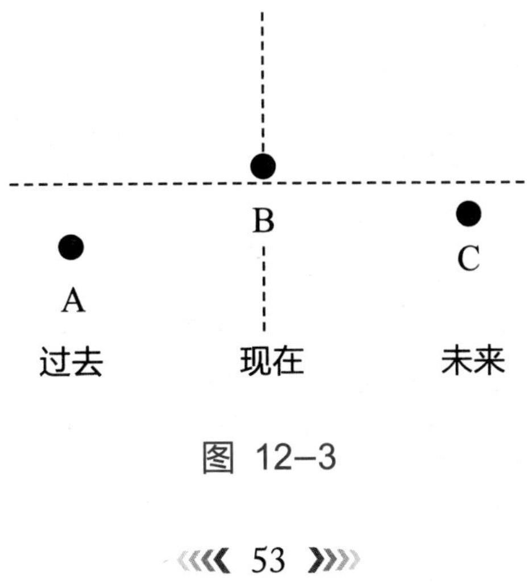

图 12–3

接下来是一个智力闯关问题。

何谓最强烈的对称？最强烈的对称就是中心对称。最强烈的对称就是C点最有可能的位置。

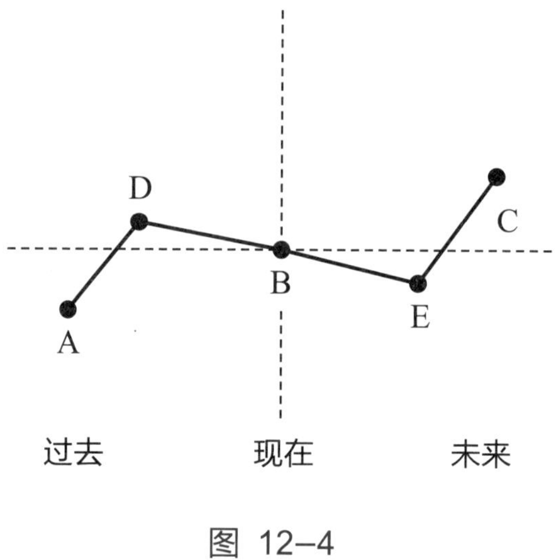

图 12–4

现在如果我们在图中加入D点，那么（E）点最有可能的位置就是图中所示的中心对称位置。

在我们继续讨论之前，先定义我们所说的轴对称和中心对称。我们先给每一个象限指定一个数字。如图12–5，象限Ⅰ和Ⅱ属于过去，象限Ⅲ和Ⅳ属于未来。从象限Ⅰ到象限Ⅲ，称为轴对称，同样的，从象限Ⅱ到象限Ⅳ，也称为轴对称，因为我们通过了一根轴——纵轴。

但如果我们从象限Ⅰ到象限Ⅳ就是中心对称，同样的，从象限Ⅱ到象限Ⅲ，也称为中心对称，因为我们通过了两根轴——纵轴和横轴。

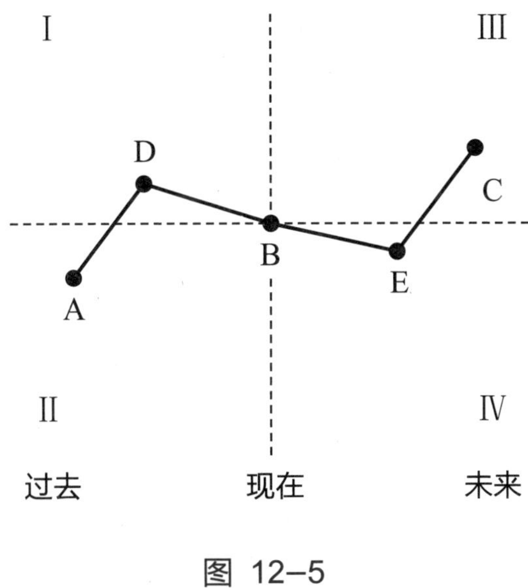

图 12–5

最强烈的对称，就是过去的最可能未来映像。换句话说，中心对称是根据已发生的事对未来会发生什么所作的最佳预测。

既然已经知道何谓最强烈的对称，我们要问另一个问题。

什么导致了最完美的对称？答案有两个。在你翻开下一页之前，想想可能是什么。

13

什么事会造成最完美的对称?

（1）与“现在”时点的接近程度。一个点越接近“现在”时点，对称性就越好。另一种说法是，一个点越接近“现在”时点，预测将来某一点会发生在何处的准确性就越高。

（2）该点的速率。为了理解这个概念，我们需要定义我们所描述的二维空间。由于我们这里正在谈论市场，故定义横轴为“时间”，纵轴为“价格”。速率就是“价格”除以“时间”。当“价格”增加的速度快于“时间”，速率就会加快。当“时间”增加的速度快于“价格”，速率就会减慢。

我们想象一条由许多价格点构成的直线，这些价格点都是随着时间而产生的。直线越陡，市场移动的速度就越快，因此，速率就越高。市场的速率就称作趋势线，所以说，趋势线越陡，对称性就越好。另一种说法是，趋势线越陡，中心对称的预测就越准确。

好的，这一切导致了什么呢？这样：

中心对称点是市场本身预测它将来最有可能走到的地方——在不断更新中。

市场越接近“现在”时点，移动的速度越快，那么市场本身预测的未来走向就越准确。

值得暂停一分钟，好好想想这两种说法的意义。它们相当简单合理，很快你就会觉得自己早就知道这些了。但是，吉姆却花了很长的时间去发掘这两种说法隐含的意思。

现在我们要在市场中观察这些概念——任何自由交易市场。不管我们所说的市场是股票市场、商品市场、货币市场或是其他市场，亚当理论是放之四海而皆准的理论，适用于任何市场。

14

预判中心对称

我们已经说过，中心对称点是市场本身预测它未来最有可能到达的地方——在不断更新中。我们现在来看看市场，试着预判中心对称点在何处。

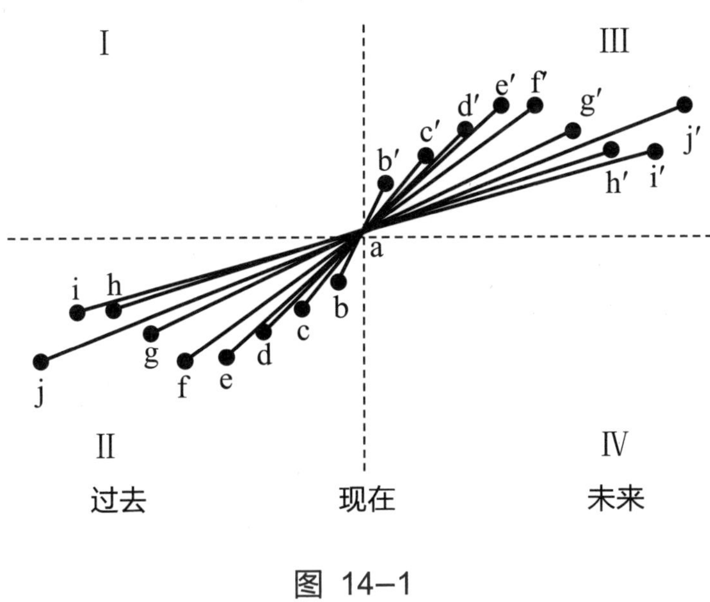

图 14-1

由于我们正在谈论市场，那么假设a到j是市场收盘价。过去的每一个点，在未来都有一个相对应的点。例如，历史收盘价为b，则未来所对应的点是b'。a是最近的收盘价，它位于“现在”时点上。

每一个未来收盘价，都是从它相对应的历史收盘价映射而得。我们只要根据过去每一点与最近收盘价之间的距离和角度，依样画葫芦，映射到未来状态就能得到结果。例如，要将j点映射到未来，先把过去的j点与“现在”时点的收盘价连成一条直线，测量j到“现在”收盘价的距离，再以“现在”时点为起点，在直线延长线上截取相同距离，就可找到j'点。

每次新的收盘价出现，“现在”时点必须移动到新的收盘价，且过去所有的点都必须再次映射到未来。

（等一下！别抛下书本走开——我们正要告诉你一个简单的做法，事实上，它简单到你五岁的孩子都能在几秒钟之内做好——但请耐心再看一个图解，你才能真正了解我们所要做的事。）

下图中我们只利用两天的最高价、最低价和收盘价来进行映射。

请注意，最近的一天，以a标注，是位于横轴中央的“现在”时点。可以发现，过去b日的高点变成了映射未来b日的低点，过去b日的低点变成了映射未来b日的高点。同时，过去那一天的收盘价偏向交易区间的一端，映射之后会偏向另一端。

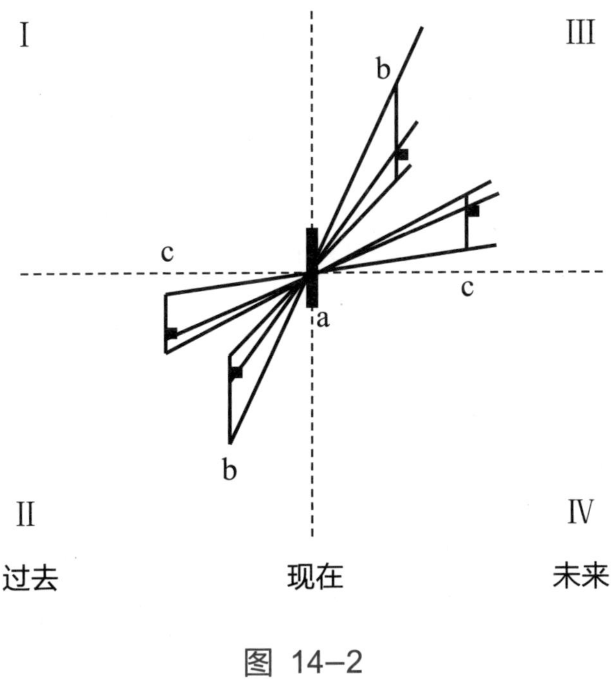

图 14–2

这只是两天的映射。如果是用50天的历史资料去映射，每个交易日，二三十个不同的市场，你能想象会是什么样的情形吗？幸好，我们有一个很简单很容易的办法。花几分钟时间想想，看你能否在阅读下一页之前想出来。

15

用简单的方法画出中心对称图

我们已经说过，中心对称点是市场本身预测它未来最有可能到达的地方——是在不断更新之中。

准备大吃一惊吧！

我们会告诉你，你怎么样可以获得——在几秒钟之内——市场本身预测它未来最可能到达的地方。

（1）在图上放一块透明胶片。

（2）拿一支能在胶片上画图的笔，从最近那一天开始，在图上画下过去每一天，天数随你喜欢。

（3）然后把透明胶片翻过来，就像看书时翻页一样。

（4）接着抓住胶片的底端，从下往上翻，这样你的手最后放在胶片顶端。

（5）现在把胶片上的第一天（在左手边）与条形图上的

最后一天（最近一天）重叠。

这样你就完成了中心对称图!

一旦你做过一次条形图上完整历史记录的画线工作，接下来每一天，只要将画线的胶片重叠以追踪新的一天。然后翻转胶片，与新的一天对准，就可以看到市场本身预测它未来最有可能到达的地方。

或者，如果你愿意，可以让你五岁的小孩帮你完成这件事!

这个过程会在接下来两页中进行图解说明。翻开下一页有两张透明的纸，分别覆盖在左边和右边的条形图上。

S&P500指数
1987年3月
指数和期权市场
交易时间 8：30－15：15（芝加哥时间）

合约规模：500乘指数
最小波动：0.05点
价值：$25/份
每日涨跌幅限制：0.5点
价值：$250/份

（1） 在图上放一块透明胶片
（2） 拿一支能在胶片上画图的笔，从最近那一天开始，在图上画下过去每一天，天数随你喜欢。

图 15-1

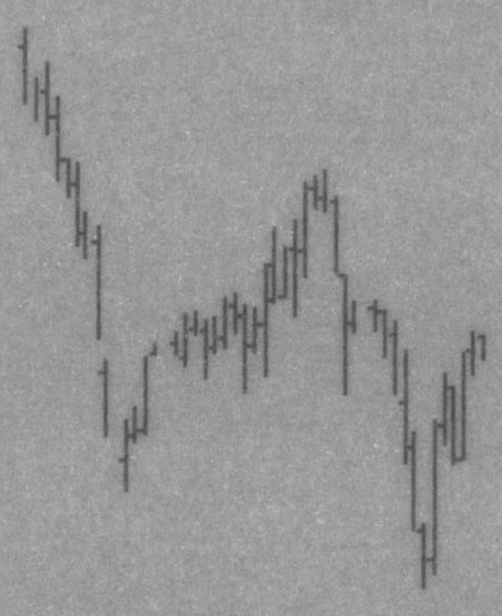

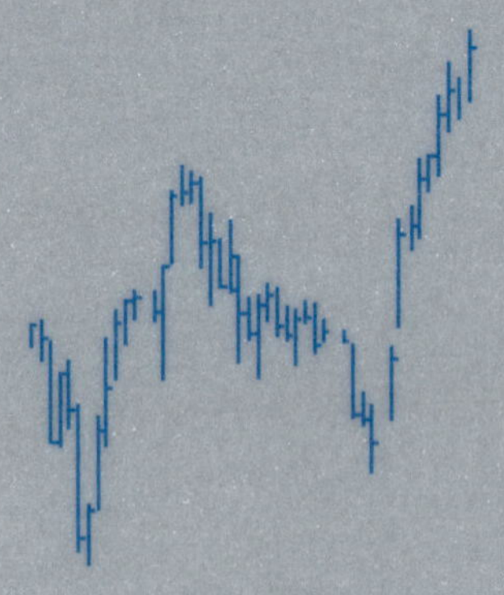

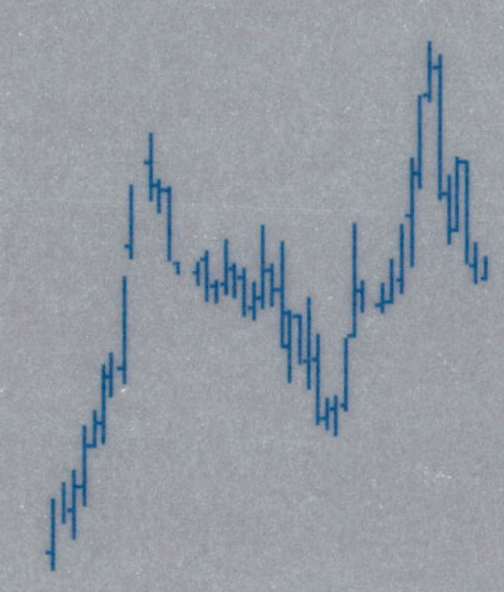

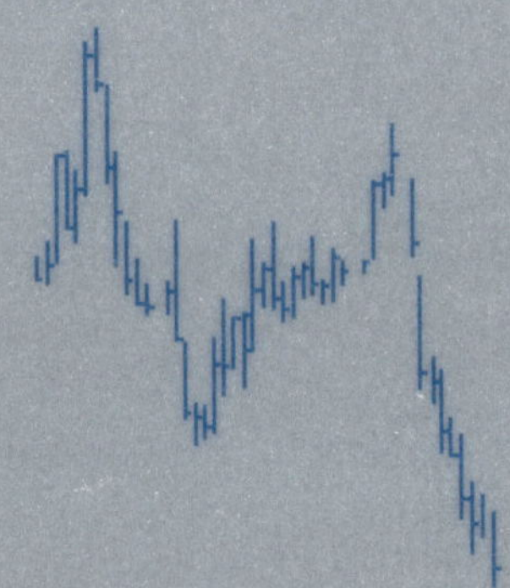

S&P500指数

1987年3月

指数和期权市场

交易时间 8：30－15：15（芝加哥时间）

合约规模：500乘指数

最小波动：0.05点

价值：$25/份

每日涨跌幅限制：0.5点

价值：$250/份

（3）然后把透明胶片翻过来，就像看书时翻页一样。

（4）接着抓住胶片的底端，从下往上翻，这样你的手最后放在胶片顶端。

（5）现在把胶片上的第一天（在左手边）与条形图上的最后一天（最近一天）重叠。

图 15-2

16

预测包含哪些内容?

预测包含了“现在”时点上市场已知的所有信息。这个预测是由市场本身做的，我们无法再加以改进。这就是所说的市场的单纯、简单。在分析过程中，绝没有武断的成分，不依靠任何帮助，由市场独自说出未来的走向。

我们如何运用中心对称图在市场上交易呢？

我们只要看着中心对称图做出的预测，然后自问：“我要交易吗？”

如果我所看到的正是市场未来要表现的，那我今天要交易吗？答案是“是”、“否”，或者“我不确定”。只有当答案是“是”的时候才进行交易。

要回答这个问题，只要根据我们在中心对称图上所看到的东西即可。这就足够了。现在，我们来问这个问题，我们要不要交易？假设今天是1987年1月14日，普通的条线图指出，市场就要开始动了。它已经做了市场能做到的最不武断的事——我们在条形图上能看到大盘已经涨过以往所有的高点。这说明了很多事。

在我们画出中心对称图时，市场告诉我们，它极有可能上涨20点——冲破280点之后才会回落。它也表明，涨到280点附近的速度应该很快。

我们今天要不要交易？要——绝对要。

这是我们应该注意的情况。首先，市场表现强劲，足以突破以往高点，这表示它已经准备到达某个高点。其次，中心对称图预测涨势会十分迅速。

如果我们观察的市场正处于跌势，想要做空，我们会希望看到市场表现疲软以致跌破以往低点。接着，中心对称图应预测跌速会很快。

S&P500指数
1987年3月
指数和期权市场
交易时间 8：30－15：15 (芝加哥时间)
合约规模：500乘指数
最小波动：0.05点
价值：$25/份
每日涨跌幅限制：0.5点
价值：$250/份
28 4 11 18 25 1 8 15 22 29 6 13 20 27 3 10 17 24 1 8 15 22 29 5 12 19 26 2 9 16 23 2 9 16 23 30
8月 9月 10月 11月 12月 1月 2月 3月

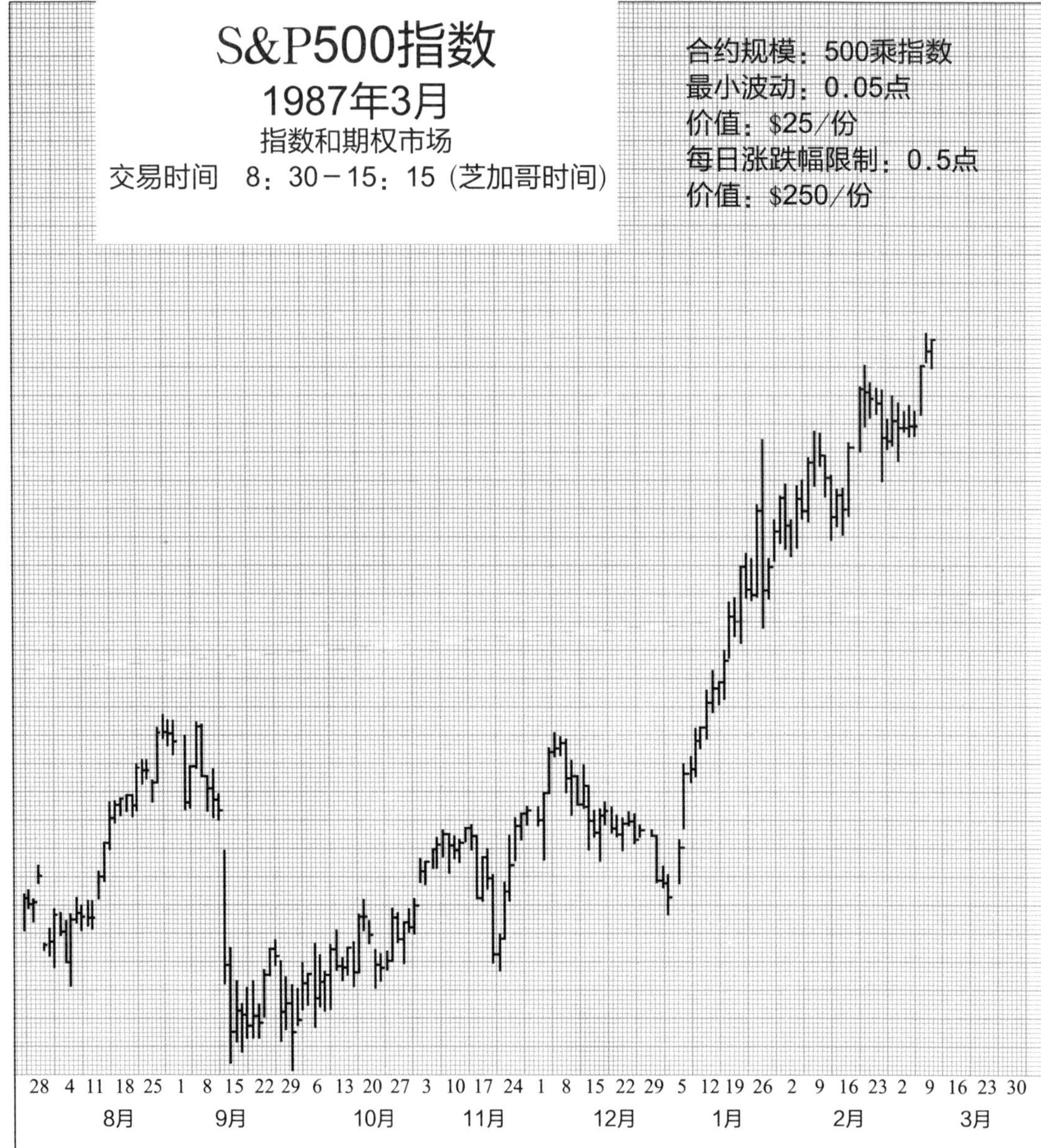

图 16-1

17

哪种市场才适合交易?

既然你理解了市场的亚当理论，我们花点时间谈谈怎样在交易中运用亚当理论——该做什么，不该做什么。然后我们会回过头来列举更多的市场运用实例，其中包括亚当理论所说的止损点的设定。但是首先，我们要讨论一些非常基本的东西——如何知道什么市场能交易，什么市场不能交易。

首先，我们选择进入市场进行交易的理由只有一个，就是要具有获利潜力。本书只倾向于一个概念——市场上关键是利润。市场选择只是这个问题答案的一半。在你所选的市场中如何操作是另一半答案。这就是为什么现在要停下来学习如何选择市场的原因。

如果获利潜力是选择市场进行交易的唯一标准，那么我们必须放下对于市场的任何个人感觉。为使获利最大化，我们不应偏爱某些市场。市场是一堆数字，是纸上的一些线条。至于那些线条的名字是什么并不重要。例如，如果你交易股票，图上线条的名字是国际商业机器公司（IBM）、克莱斯勒（Chrysler），还是雅芳（Avon）都没有关系，我们关心的是趋势。如果我们买卖期货，不管线条的名字是国债、大豆或是猪肚并没有差别，重要的是趋势。

如果我们停下来想一想，就会发现，在市场上赚钱的唯一方法是顺势交易。如果我们买进某样东西，它必须上涨才能获利，因此，“买进”和“上涨”是同义词。如果我们卖出某样东西，它必须下跌，我们才会获利，因此，“卖出”和“下跌”是同义词。这对我们5岁的小孩来说已经够简单了，不是吗？然而，大部分交易者却不那么做——那么做的只有那些优秀的交易者。

“低买高卖”这是老生常谈了。大部分交易者这么做了。大部分交易者也都亏了！亚当理论做了截然不同的陈述。亚当理论会说“买高，卖得更高”。

吉姆用一个真实的故事强调了这一点。

“很多交易者都认为，如果市场跌得够深，以致变得‘便宜’或‘超卖’时，应该找个时点买进；相反，如果市场涨得够高，以致变得‘昂贵’或‘超买’时，应该找个时点卖出。

“类似的想法必须永远从我们脑中消失。

“之前我已经提到过威廉，我个人曾有幸观察过很长一段时间的伟大交易者。（让你对这个人有个概念，在平淡无奇的月份，威廉大概会净赚30万美元；碰到好的月份可以赚50万美元甚至更多。）

“在我开始交易的第三周，我从威廉身上学到了一辈子也忘不了的教训。有一天下午，标准普尔500指数一直横向蜿蜒，突然之间暴跌——5分钟内大约跌了50点。这时，威廉卖空了30份合约。

“接下来的5分钟内标准普尔500指数又跌了50点，这时威廉有60手空头头寸。市场像泄了气的气球，又狂跌100点，接着稍微回升，这时威廉平仓出场。

“就在这时我觉得市场看起来相当便宜，正想找个理由买进，就把想法讲了出来。威廉恼怒地看着我。

“他说，‘你疯了？’

“‘什么意思？’

“‘你一定是疯了。指数刚刚在几分钟之内跌了200点，

而你却想要买进？’

“‘是啊，要不然你会怎么做？’

“威廉抿了一口汽水，‘我这么说吧，这个时候我绝不会想要买进。’

“‘那么你会卖吗？’

“‘当然会。’

“‘但是它已经跌了这么多了。’

“‘我知道，’威廉说，‘就因为这样才要卖。’

“正在这时市场跌破低点，开始一路走低。接下来一分钟内，威廉又抱了60手空仓。多头军心涣散，市场又跌150点，然后拉回，于是威廉平掉他的空仓。短短半小时内，他赚了约5万美元。

“‘好吧，’我说，还有点喘不过气来，‘我问你一个愚蠢的问题。市场要跌到多深，你才准备买进？’

“威廉难以置信地看着我说，‘吉姆，只要它还在跌，为什么我会想去买呢？’

“‘但是这时候是如此便宜，可能再也找不到这么便宜的价格了。相比半小时之前，它便宜了350点。’

“‘忘掉便宜，忘掉昂贵，只要看着屏幕上的数字就可以了。’

“我不死心，偏要打破砂锅问到底，‘如果它一直跌下去，会不会出现你愿意买进的点？’

“威廉以无比坚定的眼神看着我。他最后说道，‘吉姆，如果它一直跌下去，我就会卖到它跌到零为止。’

“我永远不会忘记那句话：‘我会卖到它跌到零为止。’

“我说，‘如果市场上涨的话，如果它一直在涨，你会一直买——永远买下去吗？’

“‘永远买下去。如果它一直在涨，我会买到它升到月球为止。’”

* * * * *

如果我们顺势交易才能赚钱，那么趋势是所有获利的基础。因此，我们必须竭尽所能掌握趋势。我们先从一个非常基本的问题开始。

“你怎么知道市场在上涨？”

我曾经问过30个人这个问题，得到很多不同的答案。其中一些是：

“因为它的高点越来越高？”是的，但比这个还简单。

“因为它正在攻克以往的高点？”是的，但还要更基本。

“因为趋势线的斜率向上？”得了吧，我们说了很简单。

这些答案都正确，但是如果市场不涨，那么就一定是下跌或横向整理。假设在电影屏幕上以不到一秒钟的时间，放映10个不同市场的条形图，并要求我们写下每一个市场是上涨、下跌，还是横向整理。我敢说，几乎所有人都会给出相同的答案。人们可能会弄不太清楚上涨和横向整理，也可能会弄不太清楚下跌和横向整理，但对于上涨和下跌，一定毫无疑问。

我们怎么知道市场是在上涨呢？在看下页之前，根据我们刚刚所说的好好想一想，“眼前”会怎么说呢？

好了，那么我们怎么知道市场是在上涨呢？很简单。

因为它正在上涨。

如果我们必须要在不到一秒钟的时间内，从荧幕上看图做决定，我们还能给出其他理由吗？我们知道它正在上涨是因为它既不在下跌，也不是在作横盘整理。

我们再次根据亚当理论来检验另一句古老的市场名言。

“务必在火车离站之前上车坐好。”

这句话的意思是说，我们必须在市场开始上涨之前买进。为什么会有人想这么做？你怎么知道市场要开始上涨了？它同样可能下跌，也可能继续横向整理。请记住，在做最后的分析时，关键是每天的价格。

那么，为什么会有人想在市场开始波动之前买进？大部分交易者都是这么做的，大部分交易者也因此赔了钱。

吉姆把市场选择比作一个要搭火车的流浪汉。

“交易者就像流浪汉。假设堪萨斯城的一名流浪汉要搭火车到西海岸，他会不会搭上往东开往纽约或佛罗里达的火车，然后再希望它会回转？当然不会。他一定会搭往西的火车。

那么这位流浪汉要知道火车是往西开的最好办法是什么呢？当火车已经开动的时候。

他会等到火车正往西驶离月台的时候跳上火车。

你是不是开始觉得，这话听起来就像格劳乔那个著名的问题：“格兰特墓中埋的人是谁？”你有这种想法一点也没错。

事实上，成功的交易很有点像问“格兰特墓中埋的人是谁”的味道。当我们考虑这件事时，涉及的基本原则近乎荒唐的明显和简单。这就是为什么人们经常会忽视它，很少遵循它的原因。我们满世界寻找的某样东西恰恰就在眼前。

一位极富传奇色彩，也十分成功的交易员在一次电视节目上被问到能否把他成功的秘诀浓缩成一句话时，他说："从事交易不需要了解太多，比你看到的还要少。"他进一步指出，交易不可避免地包含着各种各样的他不关注的东西。

复述一遍：流浪汉知道火车往西开的最好证据，就是看到它已经往西开了。事实上，这是真正要紧的唯一证据。关于火车，可能有各式各样的理论，但最基本的是：它正朝着哪个方向在动？

然后，他只要爬上开往那个方向的火车就可以了。

他只要顺流而下，顺从显而易见的事实，随势浮沉，不必做无谓的对抗。

听起来太简单了？看！还能更简单：

市场要开始波动的最好证据是，它已经在波动了。

市场要开始上涨的最好证据是，它已经在上涨了。

市场要开始下跌的最好证据是，它已经在下跌了。

* * * * *

在继续讨论之前，我们再根据亚当理论来看一句古老名言。我猜你也听过这句话。

“千万别追赶市场。”

这句话的意思是说，如果市场已经上涨，我们不应该再去追高。我们应该等待另一次机会，或另一个市场。这句名言的前提是我们不够聪明，没法在市场上涨之前就置身其中，因此现在不应该再去追高，试图跳进市场。

我们又要再问这个问题，人们怎么会知道市场要开始上涨？因为我们假设我们知道市场“应该”上涨。我们认为市场应该怎样根本一点也不重要，不是吗？重要的是市场“正在”做什么。然而，大部分交易者就是不肯追赶市场。他们坚信自己应该在动作开始之前就已上船。他们会计算如果自己已在船上，现在应该赚了多少钱。他们能找出许多理由支持现在不买进的决定。这些理由，你知道的有多少？

（1）等候反转，用较低的价格买进。

这个理由也假设人有先见之明。你怎么知道市场很快就会反转，可以让你及时上船？如果真是这样，为什么你会想在反转之后买进？为什么你会想在市场转跌之时买进？

（2）现在是寻找顶部的时间了。

这是另一个假设。为什么市场应该反转下跌——此刻它正在上涨。为什么不趁着现在还在涨的时候买进？至于顶部和底部，那是交易者永远抓不准的东西。关于这一点，稍后我们还会详细讨论。

亚当理论会说，是的，无论如何要追赶市场，市场绝对不会涨到不能买进的地步，也不会跌到不能卖出的地步。

18

回顾市场选择的问题

（1）所有市场都只是图上的线条。线条的名称并不重要。不能偏爱某些市场。

（2）只有顺势交易，才能在市场中获利。因此，我们必须等到趋势出现后再进场。这意味着我们必须跳入正在波动的市场。

（3）忘记便宜，忘记昂贵。市场绝不会涨到不能买进的地步，也不会跌到不能卖出的地步。

读到这里，很多事情对我们来讲已经很明显了，但是对于其他人来说，却犹如雾里看花——即使是一些经验丰富的交易者也不例外。

吉姆想起往事时说：

“从某个角度来讲，牛顿定律中最有意思的一条是说，物体都具有惯性；也就是说，物体会保持原有的运动状态，除非某种力量发生作用，迫使它们改变。

“如果一个物体呈现静止状态，它会继续保持静止。如果一个物体正在运动，它会继续运动下去——跟原来保持同样的方向和速度。

“爱因斯坦称之为‘惰性’。也就是说，物体倾向于做尽可能懒惰的事——而懒惰的事可能就是继续做原本已经在做的事。任何形式的改变，不管是方向还是速度，都相当不懒惰。因此，它们不会去改变，除非时空弯曲——牛顿称之为‘力量’——迫使它们这样做。

“市场的情况完全一样。市场倾向于继续做原本已经在做的事情。如果它正以某种速度上涨，那么它会保持这种状态，除非某种力量（买盘或卖盘压力）导致它加速或减速。如果市场正在下跌，情形也是一样。如果是横向延伸，也是如此。

“因此，如果你想要知道市场将来最可能做什么事，不妨看看它此刻正在做什么。

“如果市场正横向延伸，那么它会继续保持这种状态，直到改变为止。为什么不等它改变之后再投身其中呢？

“从这段看起来很明显的陈述中，可以推理出一个重要事实：

“只在已经启动的市场上交易。如果市场暂时不动，为什么要进场？现在要做的事情是什么也不做。何不等到它明显启动之后再进入？

“接下来的推论是：我们只在波动最厉害的市场中玩。

“1982年秋季，我所在的交易小组几乎专门交易标准普尔500指数期货。（我们全是独立的交易者，只是在同一间办公室里操作，因为这样比较有趣，而且对于清算公司，可以发挥较大的影响力。）交易这个合约是明智的选择：

“8月份的时候，股市从多年来的底部激烈爆发，而且处于‘启动’状态。每周至少会有两三次的波动，造成标准普尔500指数在一小时内上下激烈振荡200点以上。在这种市场中，赚钱比较容易。

“但是经过一年之后，市况转缓。那年春天，市场持续盘整，日内波动一出现便马上消失。然而，我们当中大部分人出于习惯仍在交易标准普尔500指数，因为我们感觉到对这个指数可以应付自如。（但是非常优秀的交易者却不如此做。）赚钱变得非常困难，有些交易者甚至退出了。

“然而那一年春天，有几种商品出现大幅波动。我们只要转而交易这些正在波动的商品，不知道有多明智。这多简单啊！——然而，信不信由你，我们当中大部分人都没有这么做。

“似乎可以把市场比作振动的弦。拨动乐器上的弦，它会持续振动一阵子，再趋于静止。市场就像这样，一旦开始波动——就像弦之振动——它们会持续波动一段时间，然后慢慢静止。这些就是可交易的市场。”

* * * * *

19

顶部和底部在哪里?

顶部和底部是技术型交易者的敌人。为什么?因为所有的交易者都想抓住顶部和底部。比起其他任何事，试图抓住顶部和底部而被毁掉的交易者更多。试图抓住顶部和底部的想法违反了亚当理论告诉我们的一切事情。它是一种武断的做法，落入了“应该”的窠臼，而且不甘屈服于市场。抓住顶部和底部等于宣告:“我知道的比市场知道的更多，我知道的比其他交易者知道的更多，我比其他人聪明。”这未免太自大了。夜郎自大的人可以赢一阵子，但随后他们就会跌得鼻青脸肿。那些到年底赚钱的人，都是对市场抱着谦卑态度的人。

直截了当地说，忘掉顶部，忘掉底部。交易的时候，务必把目前的趋势看作永远不会结束!这是在吓你吗?另一种说法是，让市场自己证明它已经到头或触底了。亚当理论总是抓不准顶部和底部——但是当顶部或底部真正发生时，它会告诉你立即平仓。

我认识一些交易者，他们偶尔能够抓对顶部和底部，因而沉迷其中，简直可说是醉心其中。他们没有办法停止这么做，好似他们的生命全部都系于此。请扪心自问，我能否在交易时忘掉顶部和底部？如果答案是不能，那么帮自己一个忙。放下这本书，立即远离交易。除非你极度富有，否则你没能力承受这种习惯。

优秀的交易者会利用方向和持续期——而非转折点。

请记住，亚当理论总是抓不准顶部和底部——但在两者之间，亚当理论能够起作用。

吉姆非常坚持这一点！

“我们来谈谈顶部和底部（也就是反多为空或反空为多的时点）。请看下图：

“首先，我们当然不想在A买进。市场还在下跌，为什么要做多？

“再想想前面所说的流浪汉搭火车的故事。流浪汉想要搭乘往西的火车。如果他不幸搭上往东的火车，就只能等火车慢下来，停止，掉头，然后加速往西。但是这样未免太荒谬了。为什么不在一开始就跳上往西的火车？

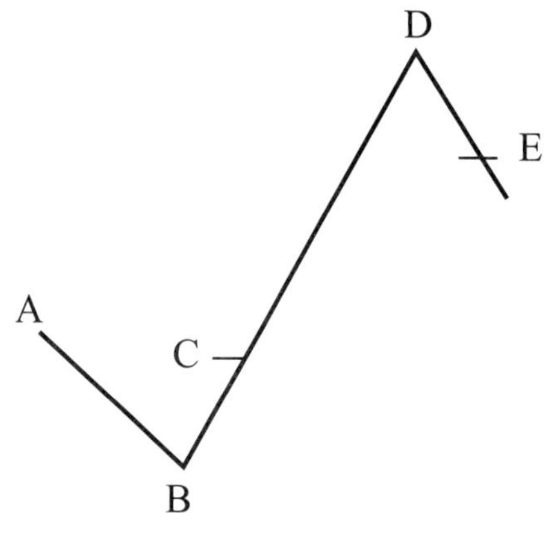

图 19–1

“事实上，我们所有的钱都是在C和E两个区间赚到的。为什么?

“首先，我们当然不想在A买进。市场还在下跌，为什么要做多?

“再想想前面所说的流浪汉搭火车的故事。流浪汉想要搭乘往西的火车，如果他不幸搭上往东的火车，就只能等火车慢下来，停止，掉头，然后加速往西。但是这样未免太荒谬了。为什么不在一开始就跳上往西的火车?

“头脑正常的流浪汉不会做这种事，然而我却看过很多很多的交易者就是这么做的，他们会在A点做多。我自己也干过许多次，而且许多次都付出了代价。我之所以会这么做，是因为我听说应该在弱市买进，其实这荒谬透顶。我之所以会这么做，是因为某个分析师或另外的分析师告诉我，大盘即将反弹。我之所以会这么做，是因为我觉得，市场已经‘跌够了’或‘跌得太多了’。

“如果我们能够十分肯定底部B已经不远了（虽然仍是愚蠢得让人难以置信），那么在A点买进还不算太坏，但事实上很多情况下，B仍然离得很远。有多少次市场还在下跌时我做多，然后祈求市场见底反弹？

“在B点做多也好不到哪去，因为在大盘涨到C之前，我们无法肯定B就是底部。或许B是底部，但市场可能再次长期下滑。我自己就碰到过许多类似的情形。

“即使后来证实B的确是底部，这种操作还是很糟糕，因为证明B是底部的唯一证据就是市场已经涨到C了。因此，在B做多，就是在预测市场，这么做并不是很明智。

（是的，有时候可以对市场预测得很准，但这仍不是明智的做法，因为追随市场要有效得多。而且，试图去预测市场，会使得你心态不正。）

“顺势交易的意思是指‘强势买进，弱势卖出’。

“因此，正确的做法是在C做多，这时候市场已经完全反转，并且正往我们希望的方向蓄力前进。（火车已经往西开动，我们才跳向移动中的火车。为什么？因为肯定市场即将上扬的唯一方式，就是它已经在上涨。）

“因此，别去抓顶部和底部。让它们自己抓自己。为了帮助我们清楚地记忆，不妨记住下列说法：

“想抓顶部和底部的人，最后只能拣到棉花。

“威廉曾经对我说过：‘我何德何能，竟敢去抓顶部和底部？我不够聪明，我怎么能抓住它们？’

“这番话出自一位极其优秀的交易者之口。

“曾经赚到3000万美元（大约是目前价值的10倍）的伯纳德·巴鲁克曾经说过：‘除了骗子之外，我不相信有人能抓到顶部和底部。我只设法赚取一次波动中间的50%。如果能

做到这一点，我已满足了。'

“换一种说法如下：

“绝不要寻找市场的反转点。

“只要始终跟随市场目前的走势，顺势而为。别指望寻找反转点。

“趋势是你的朋友。

“曾经有一位非常成功的交易员对市场做了彻底的电脑研究。以下是他的说法：

“‘我用电脑创造了一串数字，来研究以往非常赚钱的交易……我设法使交易明确化，在电脑上测试我曾经有过的关于操作的任何想法……

“‘我发现，人们认为管用的事，很少会好到可以赚到钱……现在，如果要我向你解释市场上什么管用，实证出来的数字有什么意义，我会说：趋势是你的朋友。'

* * * * *

“前文所述隐含的意思是，唯一要紧的是价格。观察市场时，其他事情根本无关紧要，因为其他一切都反映、总结、吸收在价格之中，每一件事。

“如果流浪汉想搭上往西的火车，他唯一要关心的是火车正往哪个方向行驶，速度是不是足以显示它真的往西开。他不需要知道火车是怎么制造的，它载了多少旅客，或是用何种动力。这些都无关紧要。他需要关心的，只是它的动向。

“做过电脑研究的那位交易者，曾以下列方式总结了他认为市场中要紧的事和无关紧要的事：

“现实就是价格。”

* * * * *

要获利，除了由始至终让你的交易方向与趋势吻合外，没有其他方法。

* * * * *

20

关于市场最重要的声明

有一句谚语是老生常谈了。在我看来，它是有史以来关于交易的最重要声明。这句话如下：

认赔小钱，坐赚大钱。（原文是：Cut your losses short and let your profits run. 也就是经常直译的“截断亏损，让利润奔跑”。）

这八个字说明了一切。如果我们谈的是以小博大、持仓限时的期货交易，要获利，除了这八个字，别无他法。即使短线交易，你也必须在赚大钱的同时，认赔小钱。

交易股票时，杠杆比率较低且不需要急着平仓，不是那么紧要。但为了使利润最大化，仍有必要遵循这条谚语。

你有没有在报纸杂志上见到过用掷飞镖游戏给出市场买卖建议呢？他们的做法是，掷出飞镖，看它的落点，从而决定卖出国债或是买进小麦等等。我认为交易者如果以投飞镖的方式选择他的操作，他在年终结算时会获利——只要在起初的止损点反向操作——然后谨遵以上金言。总有一天，我会在电脑上做个程序，使用随机数发生器作为交易的建仓依据。不管怎么样，从这些可以看出那八个字对于在市场上获利是多么重要——任何市场。

现在我们准备花点时间了解这八个字的真正内涵，然后我们会举例说明亚当理论的实战应用。

有一件事几乎是所有成功的交易者（持仓超过一天）都会同意的。这件事是，如果不是市场偶尔有大波动，那么除了短线交易者之外，没有人在年底结算时能够获利。换句话说，如果你没能遇到一次大波动，你就无法赚到足够的钱来弥补你的小损失——因为你损失的次数可能等于或多于获利的次数。因此，获胜的唯一方法是，获利额要高于亏损额。

我们首先讨论亏损。以正确的眼光看待亏损很重要。交易是一项生意。它可能是业余的生意，但是与其他生意一样，它有收入和支出。这项生意的收入，是你交易创造的利润。

支出则是所缴的经纪商佣金、买图、数据检索等等。交易可以是非常赚钱的生意，但它也被认为是一种危险的生意，因此缴纳的保费相对较高。小额的交易损失就是你付出的保费——用来防备巨额损失的保费。

避免发生巨额损失的唯一方法就是承受小损失。小额损失是从事这项生意的成本。我们不应该为小额损失感到痛心，而是应该把它们视为营业费用。如果我们不愿付出这种保费，那么我们应该做风险较低的生意。

交易时只有一种错误无法原谅——让小损失演变成大损失。

亚当理论会告诉你怎样设定止损点，你稍后就会看到。对不同的交易者来说，止损点的设定也许不尽相同，因为止损点是根据“我到哪一点才不要作这笔交易”这个问题来设定的。

我们这里要讨论的不是止损点，因为到时候你自然会知道要在哪里设定止损点。这里要说的重点是：你总是会做这件事吗？如果你不做——只要有一次不做——你就会有覆巢的风险。墨菲定律非常适用于市场。就市场而言，墨菲说过，“会出错的事终将会出错，而且会是伤害你最深的那一次。”

关于这一点，吉姆有话要说。

* * * * *

“我们人类倾向于一开始遵守严格的纪律，但后来就放松了。这在市场中是致命的。在市场上，我们可能做对了一千次，只错一次——但就是这一次，市场就可能切掉我们一半的财富甚至是一扫而光。

“因此，光是积极缩减亏损是不够的。交易者应该明白，减小亏损必须永远是日进日出、买进卖出的目标。不管有什么理由，都不能例外，永远不能。

“一旦我们想让亏损扩大，第一件事就是为这种做法找个好理由，这个理由要貌似可信且合情合理。所以说，我们必须牢记，永远都不能有例外。我们总是要缩减损失，决不让它们扩大。即使诱惑很大，也不容许有一次闪失。

“我们还没提到，成功的交易者在任何情况下，都不会‘摊平’或是增加亏损头寸。为什么要在已经亏损的头寸上再加码?我们怎么能用那种方式来反映市场呢?

“我们唯一要增持的头寸应该是正在赚钱的头寸。只有这样，我们才算是顺应市场，跟着市场所走的方向，乘胜追击，臣服于大势之下。

“你有没有看过下列现象？交易者刚刚建仓，就发现市场走势对他很不利。然后他持有头寸，期待市场不会恶化，并且拒绝承认市场已经恶化。

“当我们发现自己对市场有所期待时，最保险的做法就是立即平仓。

“大脑的运作方式很奇怪。往往某个头寸对我们不利时，我们头脑还是觉得自己不会真的赔钱，除非我们拿起电话，把头寸平掉。这还用说吗？钱早就赔掉了。

“如果我们不肯轻易承认自己的错误，且在错误发生时不肯离开，我们就几乎不可能在市场中持续获利。

“当代最伟大的一位交易者说过下面这些话：‘你可以做错很多事，但只要做对了一件事——也就是砍掉亏损头寸——你就能在这一行赚很多钱。’

“一位交易非常成功的朋友告诉我，他在芝加哥作为专业人士的最初两年只学习了一件事情——怎样迅速脱手亏损头寸，这种头寸出现100次，就脱手100次。

“可能是当代最伟大的一位交易者这么说过：‘交易的秘诀，在于你如何处理错误的头寸，而不在于如何处理赚钱的头寸。’

“另一位极其成功的交易者也说过：‘最重要的事情是保本——赚大钱的方法是认赔许多小钱。’

“使我们万劫不复的是大损失，而非小损失。如果我们这么想，当市场对我们很不利时，为什么还要待在里面？假如它再次对我们有利，我们总有机会再回去。

“这件事情看起来是不可置信的，但是你一定会大跌眼镜，因为我看过如此多的交易者一再违背止损的法则。

“最基本的是：别因收益而烦恼，该注意的是损失。

“如果你照顾好亏损，收益就会自己照顾自己。”

* * * * *

“根据我的经验，我只知道有一位非常成功的交易者（场外交易者）不使用止损点，而且风格有点像是大厅里的快枪手。其他我所认识的一些经常获利的人，则是使用止损。我认为这其中一定有什么原因。

“任何曾经进场交易过的人都知道，一旦你拥有了头寸，就会变得比较不理智、不客观，会显得更情绪化，更主观。一旦我们进场，就会被锁在其中，我们会开始寻找证据证明自己是对的。我们被那个头寸牵着鼻子走，恐惧和贪婪随之加剧。

“头脑最清醒的时候是我们仍在场外的时候，这是决定我们出错时该从何处出场的最佳时机。

“因此，设定止损点的目的，是为了在激战中，迫使我们在必要时执行退场的决定。

“如果没有止损点，当头寸开始变得不利时，我们会受到很大的诱惑，抱持‘观望’态度。然后我们再也不会反映市场；我们会说，自己的意见比正在发生的事实还重要。灾难随之而来。

“如果没有止损点，我们就像处在狂风巨浪中的一艘没有舵和锚的小船——很容易成为自身情绪的牺牲品。

“使用止损点的第二个重要理由是，它们在市场中行动的速度比我们快很多。即使我们只需花15秒便能在交易大厅里执行指令，但碰到市场瞬间对我们不利时，这几秒钟的时间就犹如几小时那么久。我们还要假设绝不会遭遇延误，这充其量只能是一个有问题的假设。

“在市场突然暴涨或暴跌的场合中，设定十分妥当的止损点不知道有多少次在灾难边缘救了我。太多次了。

“设定适当的止损指令是无价之宝。交易时千万不能没有止损点。是的，场内交易者知道在何处设止损，而且，他们也随处寻找止损点。这样做的好处远远大于它的坏处。

“没错，一旦市场真正开始启动（而这也正是我们想进场的时候），场内交易者会更难找到止损点。这时，市场的动量太强，不易设止损。

“我见过有些交易者不设止损的理由是因为‘我不想止损出场’。但这也正是止损的要点所在，在头寸不利时，让我们赔点小钱出场；如果头寸又转而对我们有利，总有机会再度进场。

“交易者所犯的最严重的错误，是任由小损失演变成大损失。不设止损的话，这种情形发生的可能性会高出很多。止损点一旦设定，就应永远维持。除非是朝着交易希望的方向，否则不应移动止损点。否则，当初设置止损点的目的何在?

“如果使用的是当日止损（也就是在交易日结束时消失），那么在次日开盘前，必须以相同或更好的价格设定新的止损点（也就是朝着交易期望的方向）。千万别往后调整止损点，或是取消止损。

“止损点应该设在损失发生时，损失尚微不足道的地方。所设止损点的位置如果会发生大损失，就失去了止损的目的。

“当代最杰出的一位交易者这样说过：‘损失不能大到有影响的地步。’”

21

坐赚大钱

人们交易时所做的最武断的事情，莫过于太早获利了结，或见好就收。试图这么做的话就等于落入“应该”的窠臼。我们等于是在说市场已经涨得足够高了，那里应该要反转，我们应该要接近顶部了，等等。

因此，我们的问题是“何时获利了结?”最不武断的做法是让市场告诉我们怎么做。曾经有多少次你在获利了结之后，坐在场外眼睁睁地看着大盘不断上涨?如果我们试着反映市场，跟随市场，那么何时出场就会变得很明显。我们只要一直往上移动止损点，直到市场转而对我们不利，把我们带出场为止。

请记住，使用止损指令且从不冒大风险，我们的亏损次数会跟获利次数一样多，甚至可能是损失次数多于获利次数。因此，到年终结算时我们能够获利的唯一办法就是，我们交易的平均获利金额高于平均亏损金额。只有当我们操作了几笔获利非常可观的交易时，这种事才会发生。而只有跟随长期趋势交易直到趋势结束，才能大赚一笔。

吉姆简单地总结说：

“我们在何处退场？答案可能看起来很不可思议：

“别去决定何时退场。让市场去决定。

“我们所犯的最大错误是每次都不肯认赔小钱。如果不止损，我们根本无法生存。

“我们所犯的第二大错误是不跟随趋势。

“我们所犯的第三大错误是不去赚大钱。”

* * * * *

22

止损出场怎么办?

有时我们会跳进一个突然形成趋势的市场，由于走势十分强劲，反转不严重，不足以把我们甩下列车，因而我们乘风扶摇而上，直到顶部反转后才把我们逐出场。然而，即使是非常完美的趋势，往往也会有相当显著的反转足以让我们跳下列车。这时我们该怎么办?

这就是亚当理论的美妙之处——它是如此简单。只要不断更新你每天的中心对称图，市场会告诉你何时或是否应该重新上车。若预测显示市场最可能做的事是继续原来的趋势，那么请再上车。

别害怕太快下车，或太快重新上车。

增加头寸好不好?

考虑要不要加仓，应该跟最初考虑要不要建仓一样。你怎么知道是不是要加仓了?只要看看你的中心对称图，根据市场本身透露的信息，然后问自己：我要不要增加头寸?

我们真正想加仓的时刻，应该是市场偶尔出现大波动的时候。没错！那么，我们怎么知道哪个波动才算是难得一见的大波动？要知道这件事，就跟我们知道市场正在上涨的方法一样——因为它正在上涨。我们之所以知道市场正处于大波动中，是因为它本身就在大波动。当大部分交易者察觉到大波动时，他们会寻找顶部做空。亚当理论则说，当我们发觉大波动时，应该加仓——尽量从中获利。

显然，我们要为每一个新头寸单独设定止损点。

如果我们正考虑是否要增加头寸时，趋势出现反转（拉回），我们可以选择做正确的事，或是错误的事。错误的事是指在反转时买进或增加头寸（假定我们做多），也就是在市场转跌时买进。正确的事是指在反转时减少寸头，立刻平仓。

考虑加仓的理想反转形式是，在强势市场上有一次迅速的（一天、两天或三天）反转。

我们只要记住一件事：任何时候加码操作的头寸，绝对绝对不要超过最初买进的头寸。例如，如果你最初买进三份合约，以后任何时点加仓的数量绝不能超过三份。事实上，谨慎的交易者会增加两份或更少。

当然，如果是卖空，上文所述应反过来适用于卖出情形。

关于增加头寸，吉姆表示：

“适当的进场时机是市场已经往我们希望的方向移动的时候。但我们是否要孤注一掷呢?

“不。和之前说的一样，我们希望追随市场，反映市场。所以我们应建立一部分的头寸，接着等待市场证明我们是正确的。然后，我们再增加一些头寸，并再次等待市场证明我们是对的，才进行第三次加仓，以此类推。（更准确地说，我们要等待市场证明我们是与它一致的。）

“照这种方式，我们总是跟着市场的方向前进，并且只在盈利时增加头寸。换句话说，我们弱市就卖，越弱越卖；强市就买，越强越买。

“如果市场一直下跌，是不是到了某个时点，我们要停止卖出？为什么我们要这么做？市场最后一次显露的弱势与第一次出现时一样有效。我们之中谁敢说它不会进一步下跌?

“当然，增加头寸的同时也要增加止损指令。

“我们是不是要等到大势回调之后才建立或增加头寸?

“不。我们若不想搭上趋势，最好的办法就是在场外等候拉回。然而我们在等待拉回的过程中，往往就错过了火车。趋势最强的市场（也就是我们想置身其中的市场），往往最不会回调。

“我之前提到过一位用电脑对交易方法进行全面分析的交易者，关于等候大盘回调一事，他表示：‘我不想等候回档整理。每个人都喜欢这么做——买一些回档的强势货。我不觉得这有什么统计上的道理。’

“当黄豆从8.00美元涨到9.00美元时，如果要选择是在9.00美元买入还是等回档到8.80美元买入的话，我宁可在9.00美元买入。它可能永远不会回档到8.80美元。统计数字显示，及时买进才会赚更多的钱，而不是等候回档。

“我们仔细想想，在回档时买进，其实就是在强势中的弱势情况下买进。但其实我们是想在强势中的强势时买进（且在弱势中的弱势时卖出）。我们要见强买进，见弱卖出，永远如此。

“下列情形我见到过很多很多次：市场开始强势上扬，威廉只是简单地拿起电话开始买进。罗伯特也是如此。而且，只要稍微再涨一点，他们会再买进一点（增加头寸）。涨得越多，则买得越多。真的就这样，一点也不复杂。

“而且，他们愿意试验。如果市场看上去要涨，但是并不肯定，这时他们会买进一些试试水。如果事实证明他们是正确的，会再买一些，以此类推。如果事实证明他们是错的，就赔点小钱出场，没什么大不了。

“与此同时，其他大部分交易者是在做什么呢？信不信由你，我们在寻找反转点。我们的脑子经常围绕着市场已经‘涨得太高’、现在进场‘太晚’的想法打转，所以我们等着市场反转。

“不然的话，我们就是在等待市场回调以便进场。（这里价格太高了，市场涨得太多了，我们应该等便宜些再买。）然而事与愿违，很多情况下大盘总是马不停蹄地上涨，而终于等到走势回调再做多时，威廉和罗伯特已经在抛售平仓了。

“然后，在退场之后，如果市场再度上扬，他们会重新买进。有时有人会说：‘你怎么能在这么高的价位又进场去买呢？’对于这种问题，威廉或许会这么回答：‘它正在上涨

嘛，不是吗？’

“你知道吗，当他这么说的时候，我是真的不懂。在我和其他人眼中，他和罗伯特的游戏方式似乎有很大的风险。我们总是希望在‘便宜’的时候买进，‘太贵’的时候卖出。

“于是我们认为他们拥有某种秘密的系统。我无法理解他们所作所为的原因是由于它太简单了，以至于这种做法进不了我那死脑袋瓜子。

“他们的做法绝对是公开的，当中没有什么神秘色彩，然而他们交易起来就像在耍魔术，令人难以理解，而且完全笼罩在神秘的外衣中。”

23

纪律

一个人可以具备能在市场上成功的所有知识，他知道所有要做的正确的事，他可以做对其中的99%。但是，他可能会放松警戒，仅是松懈一次，他就会赔掉过去赚得的一切甚至更多。这与纪律有关。纪律是这场交易游戏的本质。它可以判定赢家和输家。没有任何东西可以代替纪律。交易时，任何事都无法取代它的地位。

这里所说的要点是，你可以长时间严守纪律，但仅仅有一次发现了绝佳的交易机会——千载难逢的一次机会，于是你交易时难免意气用事。这本来将会是一笔赚大钱的交易——它“应该”是一笔赚大钱的交易。

这种情形迟早会呈现在每一位交易者面前。务必要留意提防，做好一切准备。最重要的是，严守纪律。

吉姆从交易小组成员身上学到了许多。

“我曾经认识一位交易者（我们称他为爱德华），他奇迹般地一次可以交易好几个月，在这过程中赚上一大笔钱。然后，在几天之内，有时甚至只有一个下午，他会放松下来，变得粗心又顽固。

“他会开始坚称，市场一定会往他的方向走。他会建立很大的头寸，并且在头寸对他极其不利时，仍然持有。更严重的是他还加码操作，让错误加剧。他会摊平，不肯止损。

“最后，当他的头寸几乎彻底毁掉之后，他目光呆滞，变得听天由命，声称客观环境非他能控制，市场决定了他的命运。他像被麻痹了一样盯着屏幕，对旁人大吐苦水。

“他会在一个下午全数输光。

“然后，他会借一些钱，从头再来一遍上述过程。这种情形我见过好几次了。

“这种现象只发生在爱德华身上吗？其实不然。我随便想想就能想出很多有相同情形的交易者。

“在两次灾难之间，爱德华的交易技巧相当好，而且能够赚不少钱。那么我们能因此而称他为优秀的交易者吗？不，我想不能。

“颇富传奇色彩的杰西·利弗莫尔一生中赚过很多钱，但又全数赔光了。我们能称他为优秀的交易者吗？不能。光是赚了很多钱还不够。

“我们赚了多少钱并不重要，重要的是我们能留住多少钱。”

24

回顾亚当理论

在我们学习将亚当理论应用到图形上之前，先快速温习一下亚当理论的基本要点。

何谓亚当理论?

亚当理论是一套理论——关于如何在市场上成功的理论。亚当理论说，市场上关键是每天的获利。

为了在市场上成功，我们必须___________。

屈服于它。

市场上关键是什么?

（1）价格。价格包含了一切。价格就是现实。

（2）趋势。趋势是价格反映的一切。

何谓趋势?

精确重复的事。

一再重复的最基本形式是什么样子?

精确重复。

精确重复会产生什么情形?

对称。

何谓最强烈的对称?

映像数等于维数，在时间/价格函数中，即为中心对称。

什么事会造成最完美的对称?

（1）最快的趋势速率。

（2）与现在时点的接近程度。

得到中心对称图最简单的方法是什么?

将复制了所要追踪图形的透明胶片翻两番。

中心对称图代表什么?

市场本身预测未来最可能到达的地方，且在不断更新中。

预测包含了哪些内容?

市场已知的所有信息——这些信息已经足够，再也找不到遗漏的部分。

为什么亚当理论不同于其他各种交易系统或方法?

（1）亚当理论没有武断的限制。

（2）亚当理论说的是“是”，而不是“应该”。

（3）亚当理论很简单。

25

何时进场交易?

我们知道，当趋势形成时，我们会想进场交易。市场波动越快，就越有可能一直维持下去，因为在快速波动的市场中，动量和对称最强。

市场本身会不会提供一些线索，暗示我们要运用中心对称图的时间并作出入场的决策呢?

会的，我会寻找三条线索，这些线索中的每一条都会很明显地出现在你的条形图上。每一条都暗示了市场正在做些什么——这些事情会显示市场正朝着确定的方向波动，而且波动背后有某种力量在支撑。

线索1.突破。当发生下列情况时，运用中心对称图作进场决策：

市场已经涨过在图形上看到的许多或所有以往高点。或相反的，做空交易时，市场已经跌破了图形上看到的许多或所有以往低点。两种情况都显示，此次波动的背后，有足够的力量推动价格进入新的区域。突破的时间范围越长，波动就越有意义。换句话说，市场突破近六个月的所有高价，比突破近三个月的所有高价要更有意义。

线索2.趋势改变。当发生下列情况时，运用中心对称图作进场决策：

市场已经突破明确的长期下跌趋势，并且已经攻克新的上升趋势中前面几个高点。要使市场扭转长期确立的下跌趋势，需要很大的力量。当市场一再涨过新高，新一轮上涨趋势确立时，这是有意义的。做空时，则上面的反转应用于长期确立的上升趋势的情形。

线索3.缺口或当日高低价差大。当发生下列情况时，运用中心对称图作进场决策：

市场本来相当沉闷，但突然之间跳空向上，或当日高低价差明显增大，表明市场已经苏醒，正蓄势待发。特别是与线索1和线索2同时发生时，尤为有意义。做空时，上面所述则变为跳空向下缺口的情形。

请记住，我们的要求是每天都赚钱。我们不希望将亚当理论用于任何市场交易，而是想用在发生某种情况的市场。我们之所以知道市场正在发生某些事，是因为它已经发生这些事了。

在接下来的图例中，我们会看到这些线索一再出现。有时候，你会见到这些线索出现，然后波动无疾而终，让你赔了些小钱。正如我们所知，这是必要的支出——我们的保费，但你会发现，如果你有耐心，而且慎选进场时机，你会使每天赚的钱达到最多。

26

实例——棉花

棉 花
1987年5月
纽约棉花交易所
交易时间：东部时间 10：30—15：00
合约规模：50000磅
最小波动单位：0.01美分/磅
价值：$5/手
62
60
58
56
54
52
50
48
46
44
42
40
38
36
34
32
1
2
3
4
5
5 12 19 26 2 9 16 23 30 7 14 21 28 4 11 18 25 1 8 15 22 29 6 13 20 27 3 10 17 24 1 8 15 22 29 5 12 19 26 2 9 16 23
5月
6月
7月
8月
9月
10月
11月
12月
1月
2月

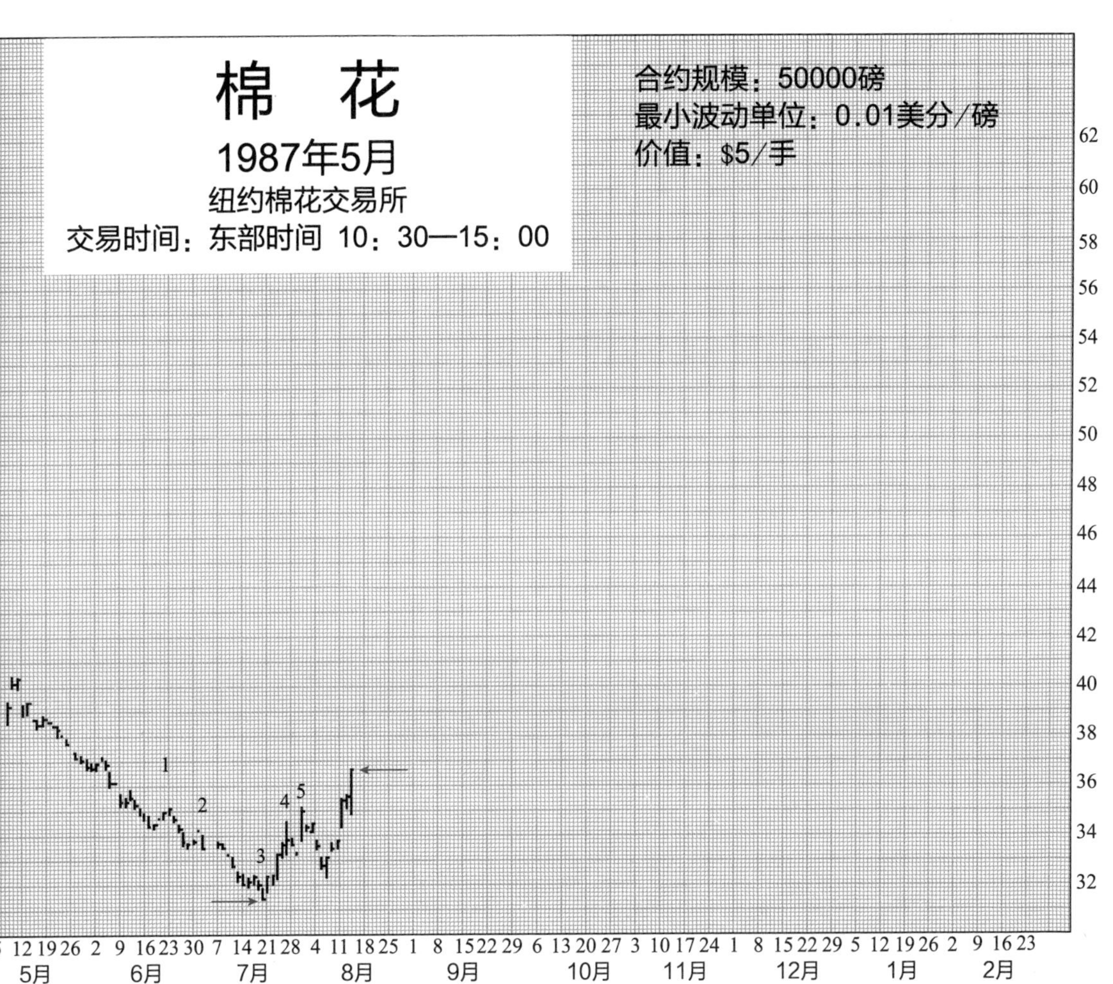

图 26-1

这是线索2和线索3的例子。长期确立的下降趋势已经突破，当日高低价差已经增大，而且上升时出现一些跳空缺口。市场已然攻克了新一轮上升趋势中的高点4和5，以及下跌趋势中的1、2和3。

我们从透明胶片的底部开始追踪上升趋势，然后像看书时翻页一样把透明胶片翻过来，接着是从下往上翻过去。现在将胶片上的第一天对准图上的最后一天。（透明胶片上最左边的第一天与图上的最后一天是同一天。）

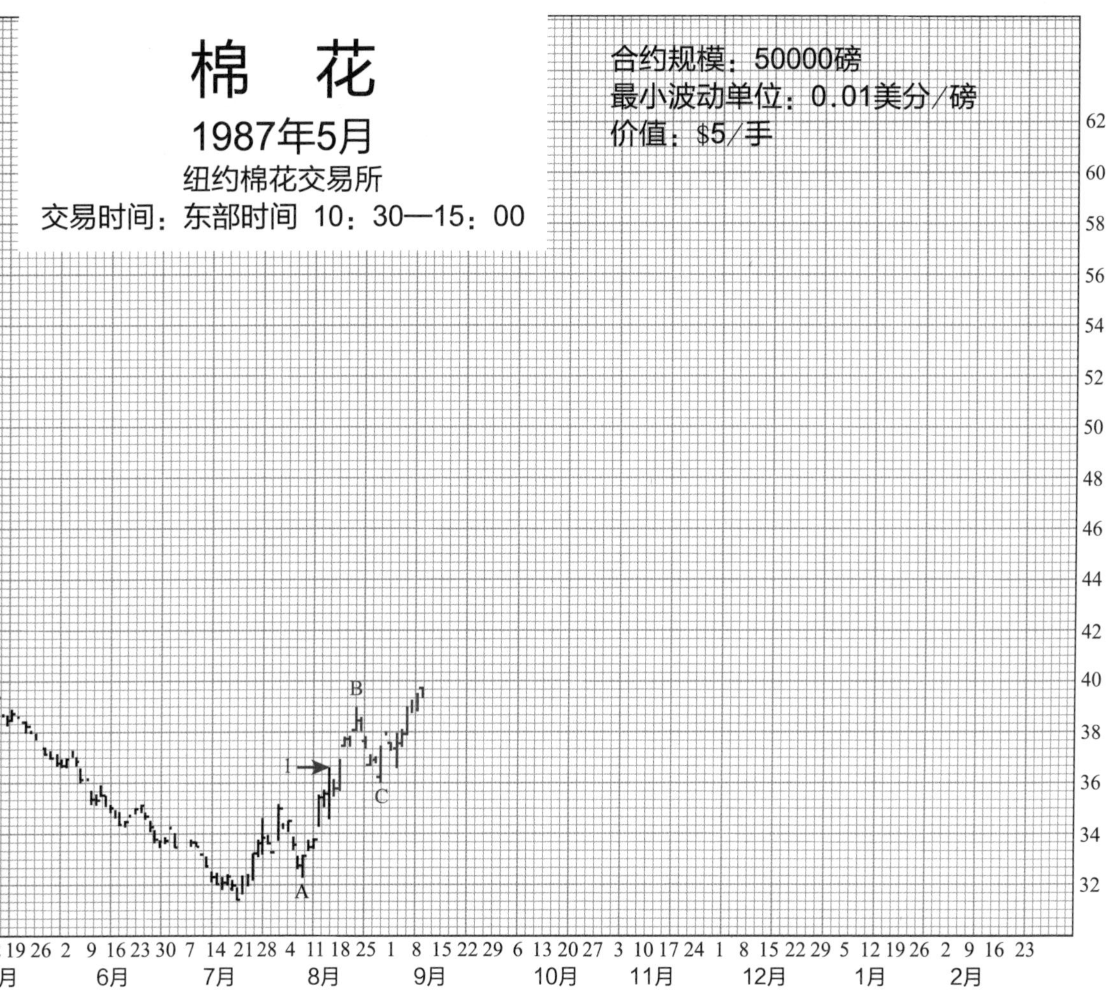

图 26-2

我们要不要在次日的A点买进？预测显示趋势会持续到B点，但它也显示会回档到C，略低于我们刚刚所说的买入点。我们决定等待一个更有利的形势。

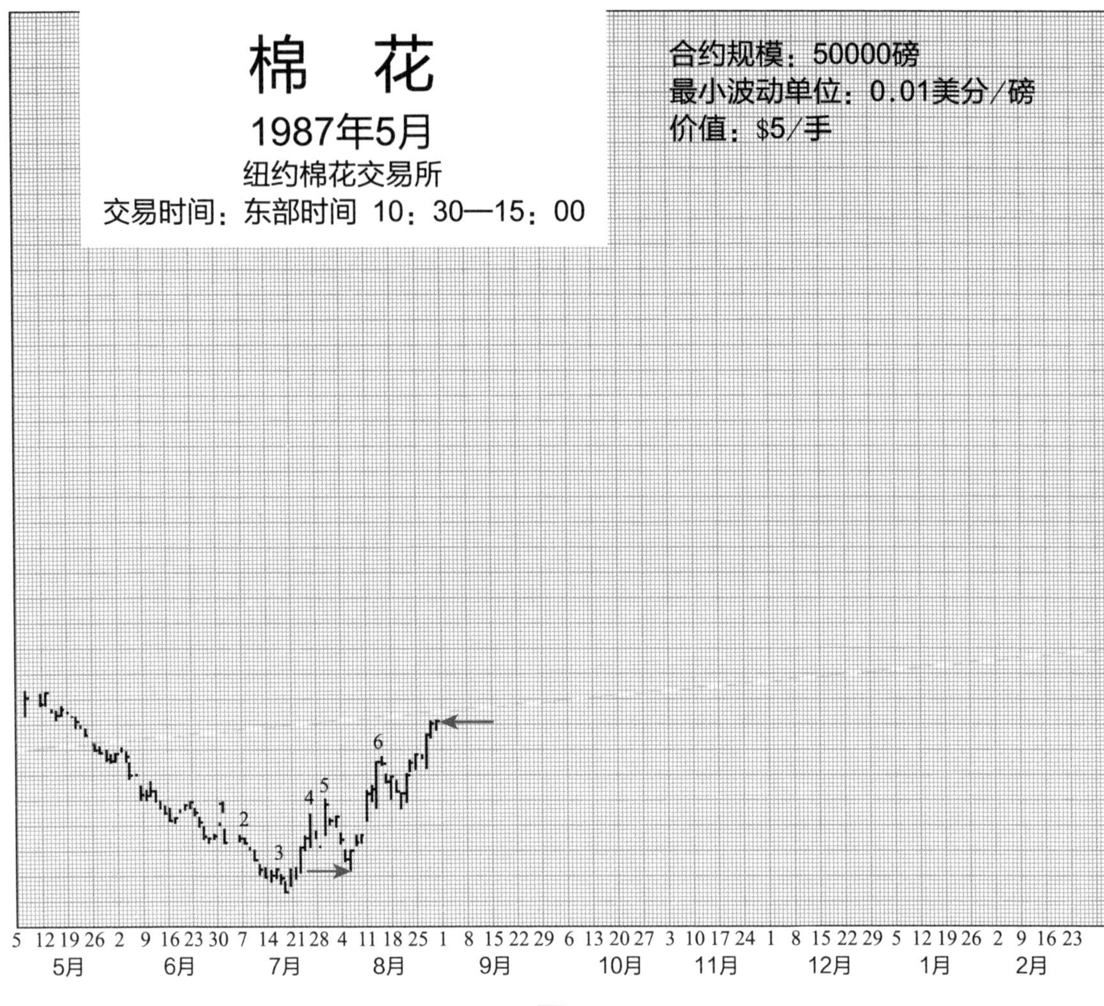

图 26–3

每天我们不断更新中心对称图，然后翻转过来，显示市场的预测走势。原先显示的拉回状况真的出现了，接着市场回升上涨。

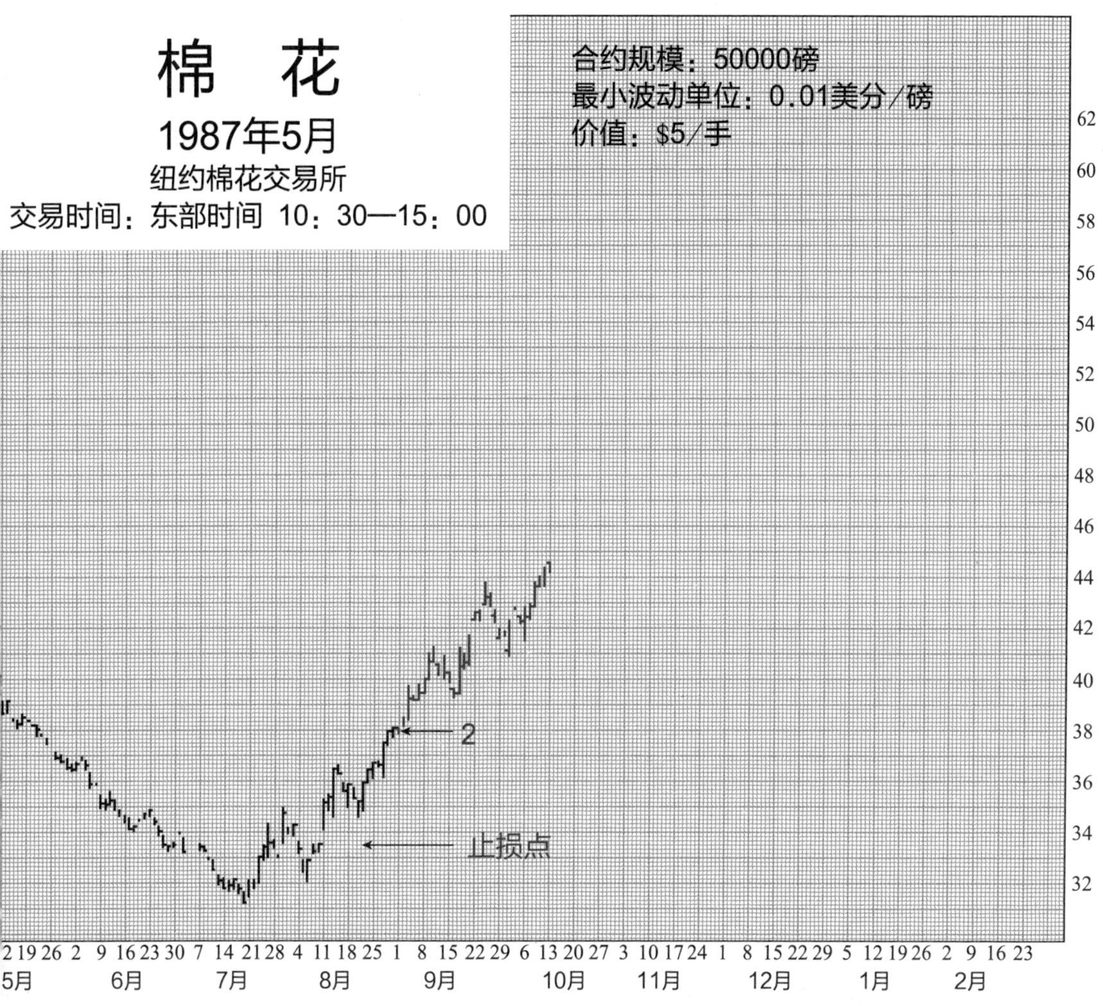

图 26–4

8月29日，中心对称图显示有另一次回档，但是这一次我们决定宁可在这里进场，忽略预期中的反转，不再等候另一次的进场点，因为中心对称图指出，下一次反转会保持在当前的价格之上。因此，我们在第2点以市价38.20美元买进5手，第一次建立头寸。由于我们必须随时随地在市场上设定止损，所以我们把止损点设在上次市场回档处下方34.00美元的位置。

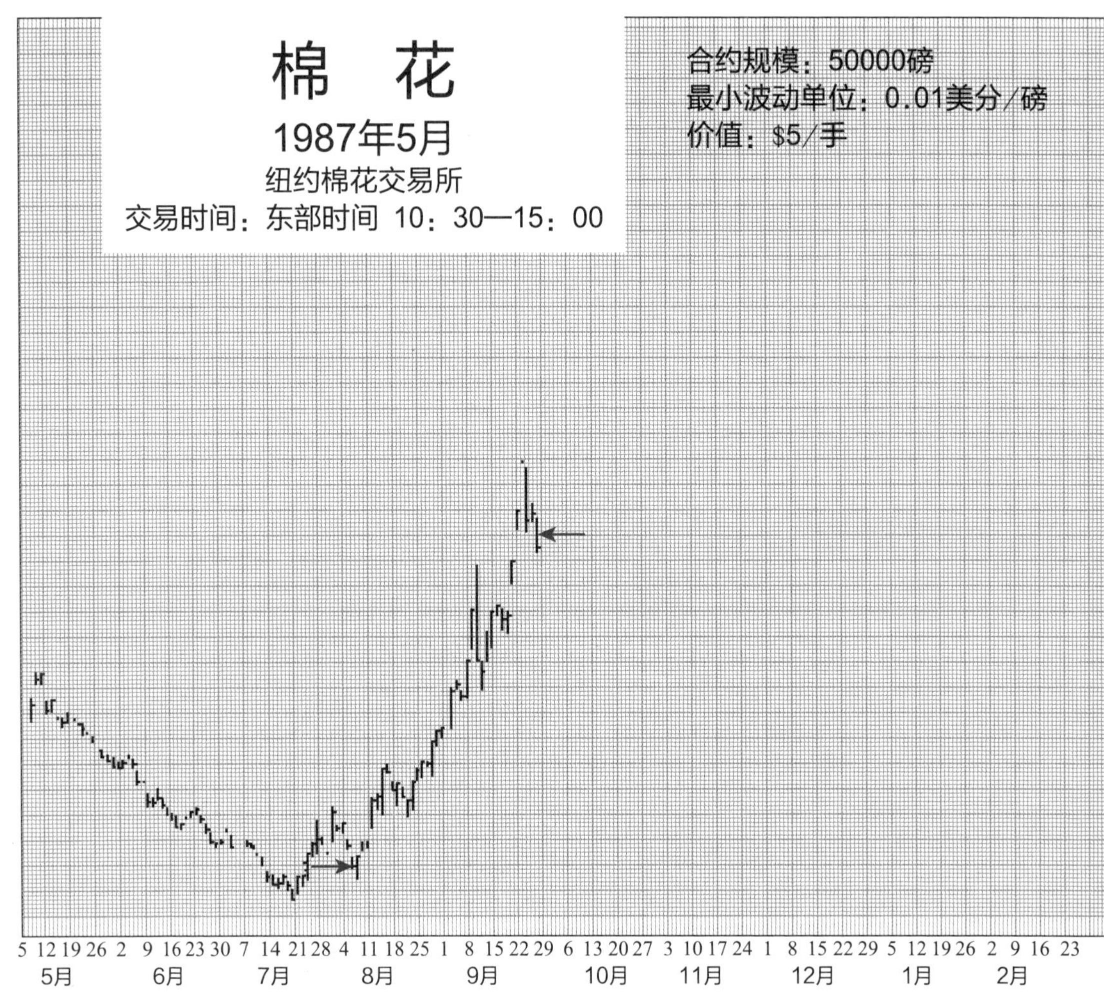

图 26-5

市场继续漂亮地上涨，9月22日开始回档。

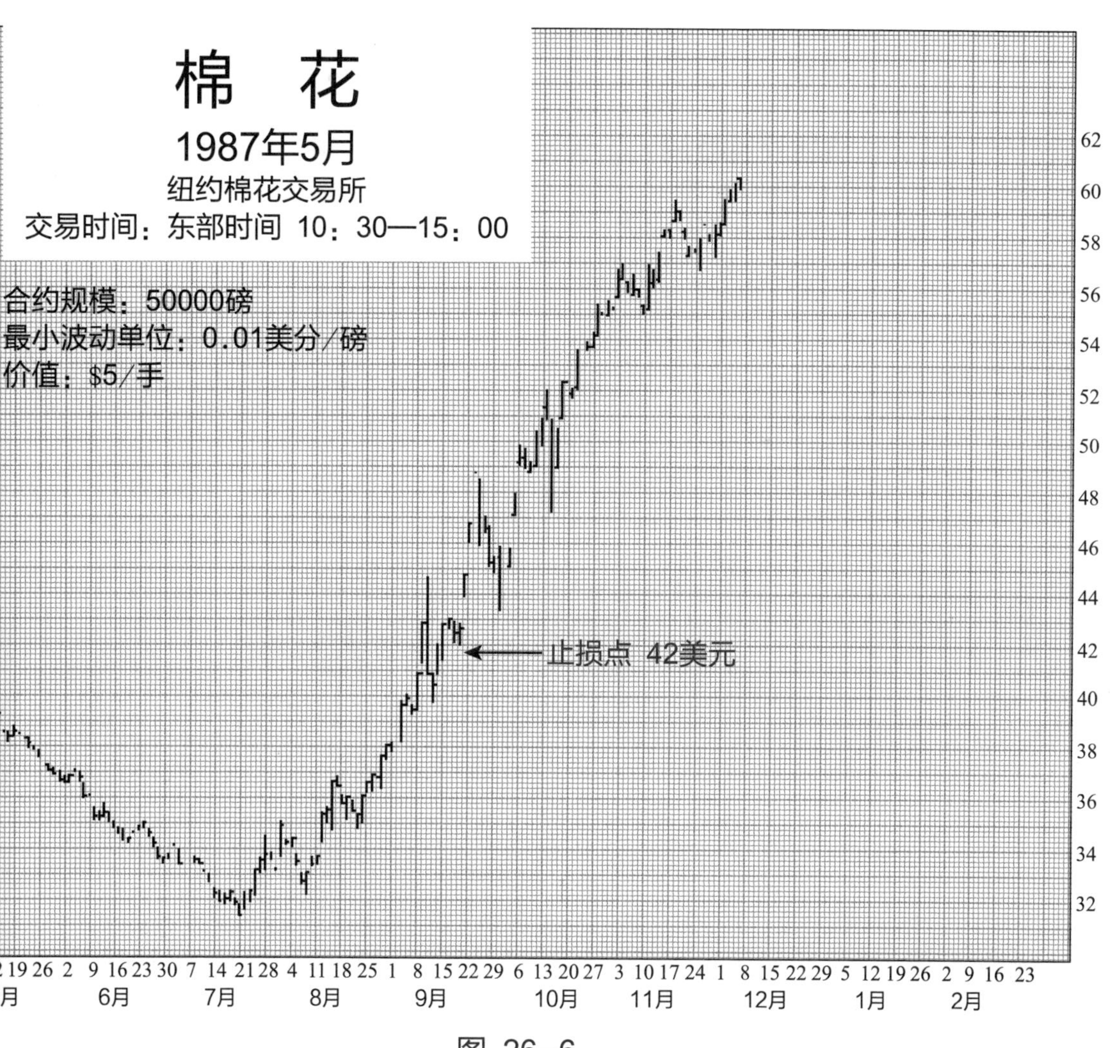

图 26–6

9月25日，中心对称图显示，市场将反转到42.80美元，然后趋势恢复。我们决定往上移动止损点到42美元，随时紧贴在预估走势的下方。（止损点一定要设在预估走势之外，换句话说，要比实际的预估走势更远离目前的位置。）

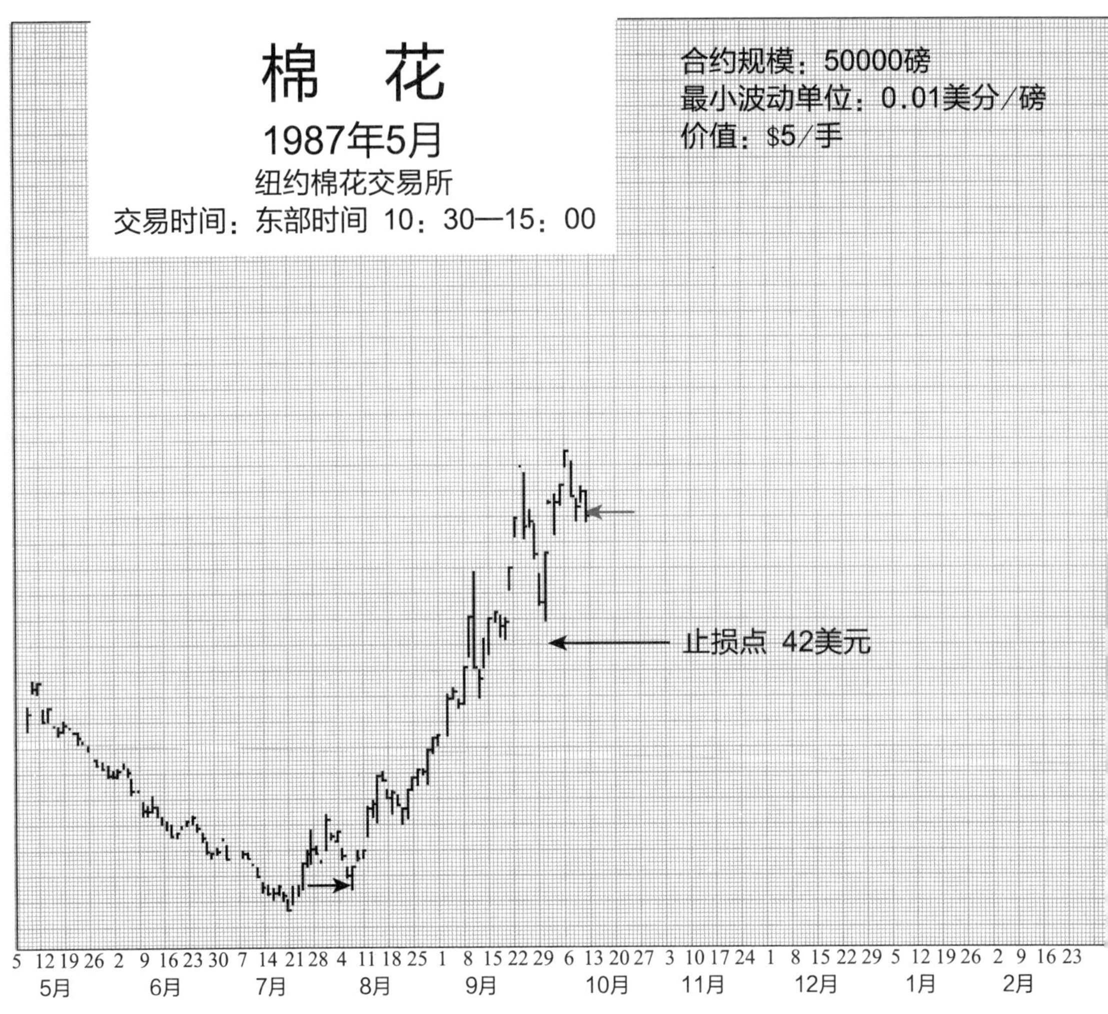

图 26–7

市场几乎正好在42.80美元处止跌，然后上涨超过上次高点。这时我们要不要增加头寸？

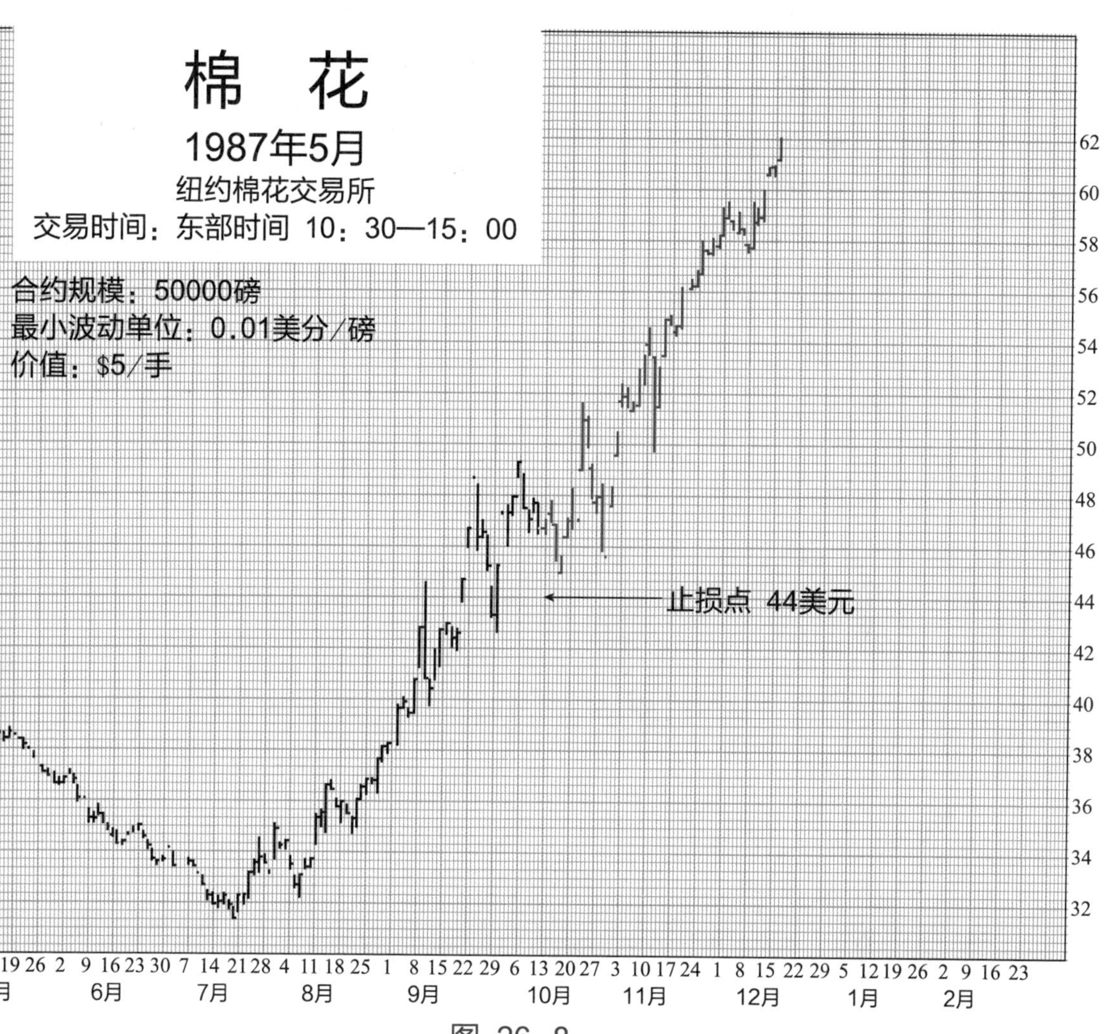

图 26–8

中心对称图显示，将会有更多的回档出现，所以我们决定此时不宜加码。映像图也显示，下一次的回档可能跌到45美元附近，所以我们把止损价提高到44.00美元。

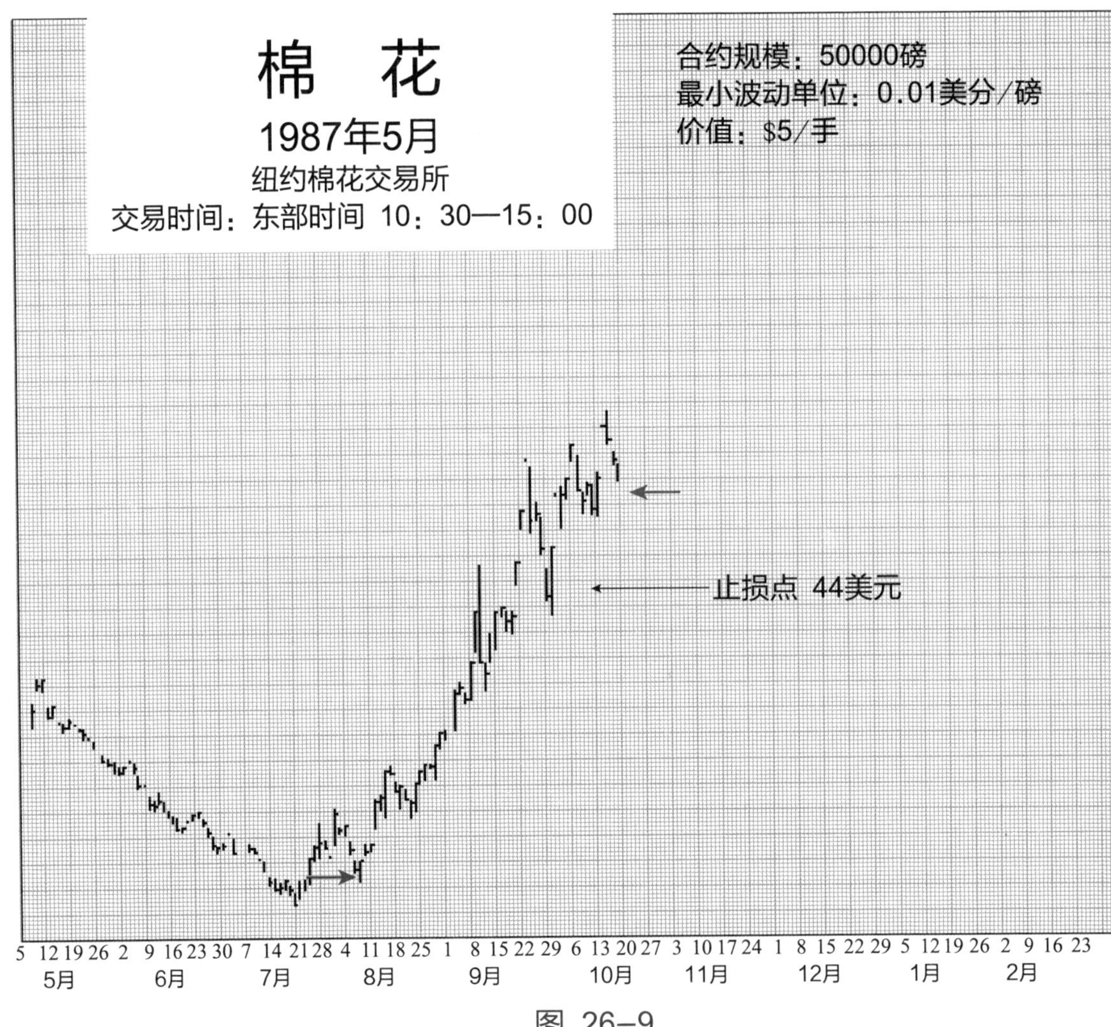

图 26-9

市场继续上涨，但在前进过程中出现锯齿形状。

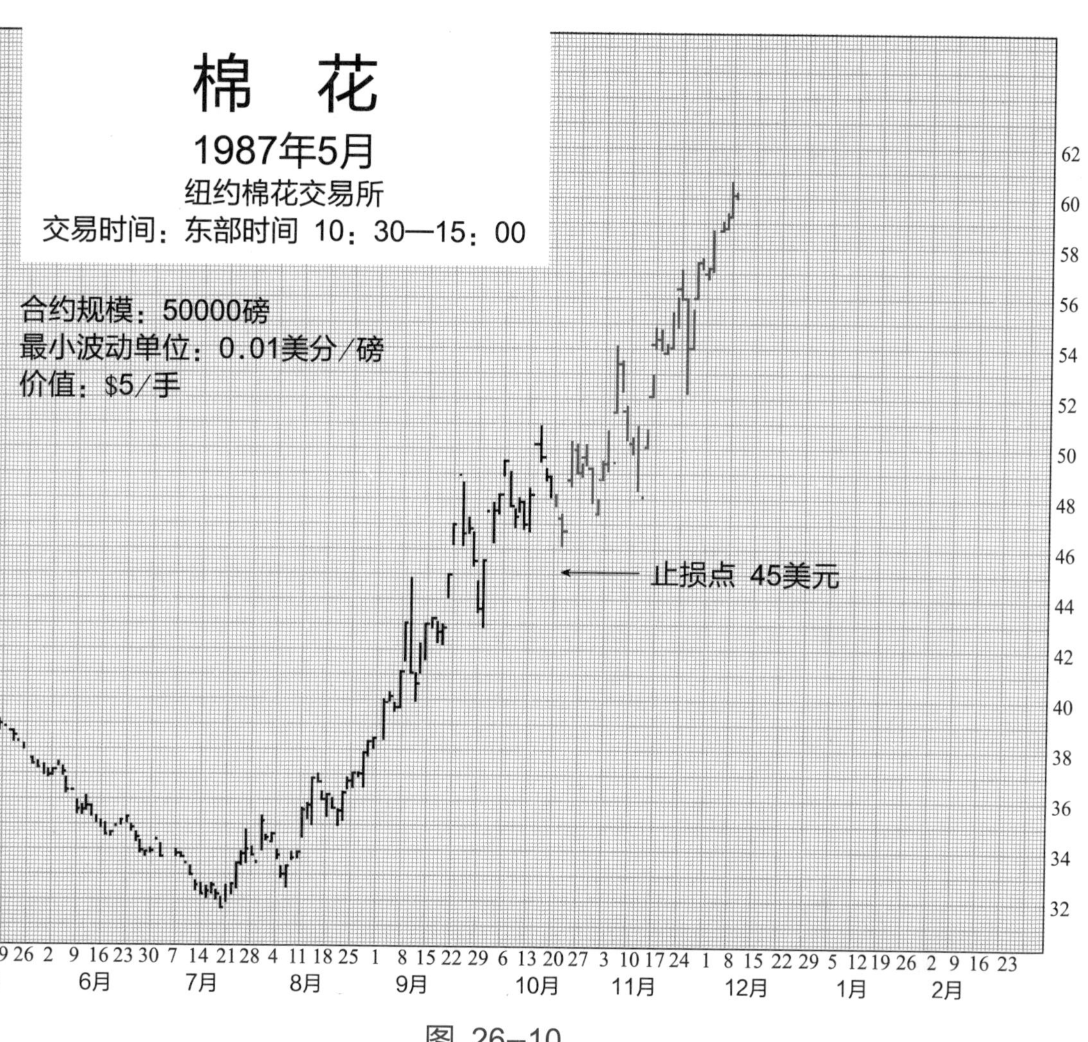

图 26–10

中心对称图显示，最近一次回档可能跌到46美元附近，所以我们移动止损点到45美元。

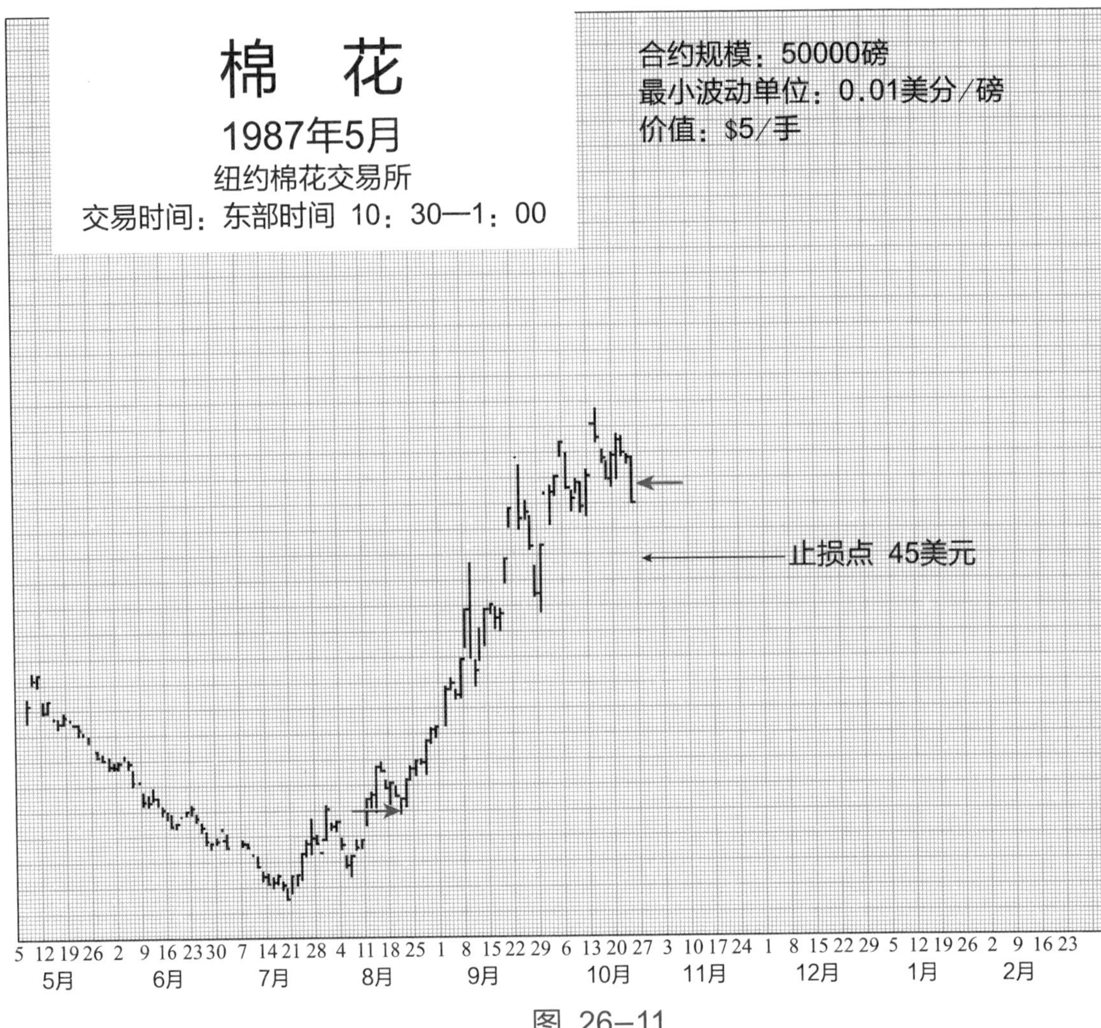

图 26–11

趋势继续向上，但市场横向整理已较为常见。我们最好在中心对称图上核对最近一次反转的情形。

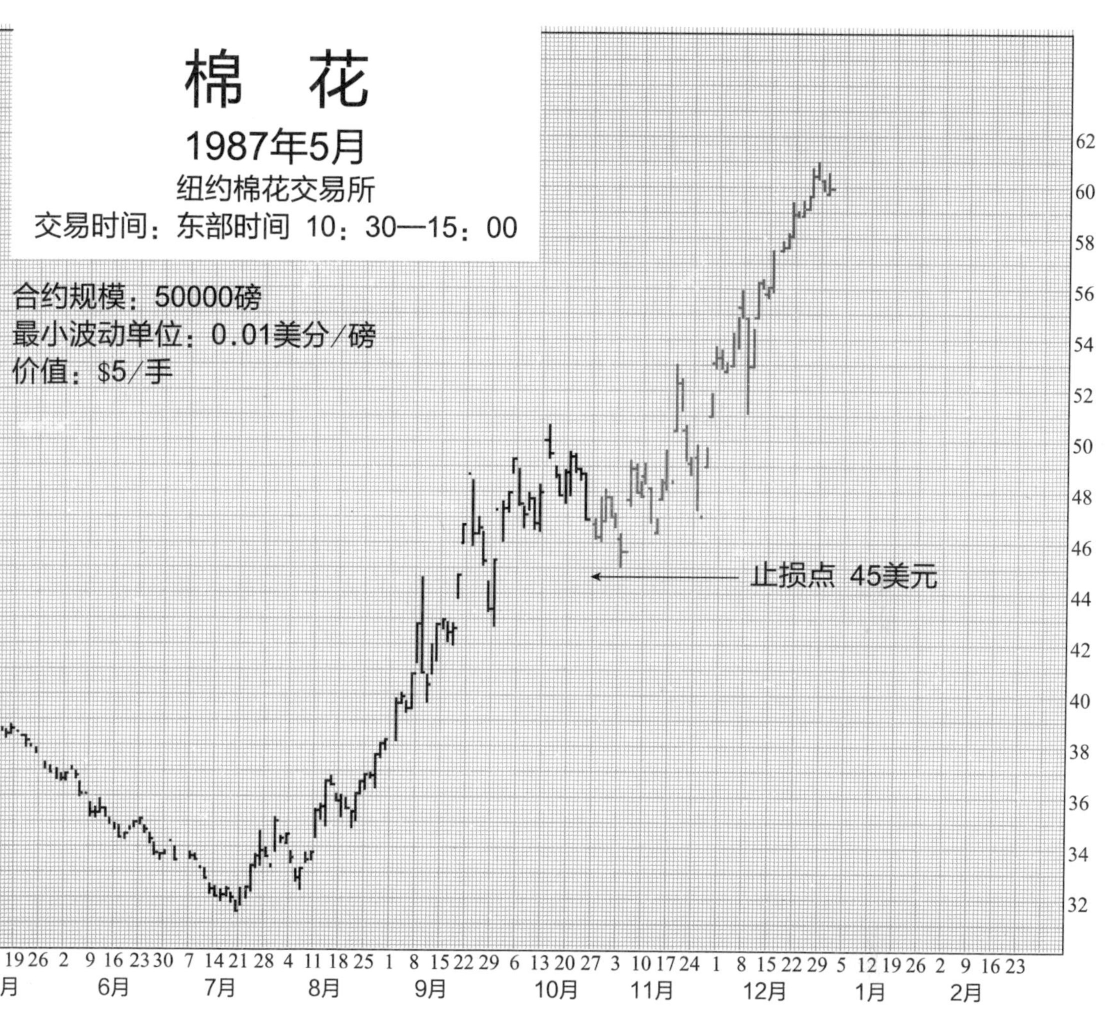

图 26–12

中心对称图指出，目前的回落可能会使价格跌到我们45美元止损点下方一点点的地方。我们是不是应该把止损点向下移动到44美元，以防万一？

这很诱人——但答案是“不”！绝不要受诱惑摆布，降低止损点。如果你把它降到44美元，下一次的预估又会诱使你把它降到42美元。假设市场现在回升并创出新高，你做了错事，却赚了钱。你以后还会不会做这种事？很有可能。最终，你会犯下不可原谅的错误——使合理的小损失变成大损失。不妨把市场想象成一个对手，它有能力使你站起来，然后把你踢出去。

请注意这次的中心对称图与138页中实际市场走势图之间的相似性。

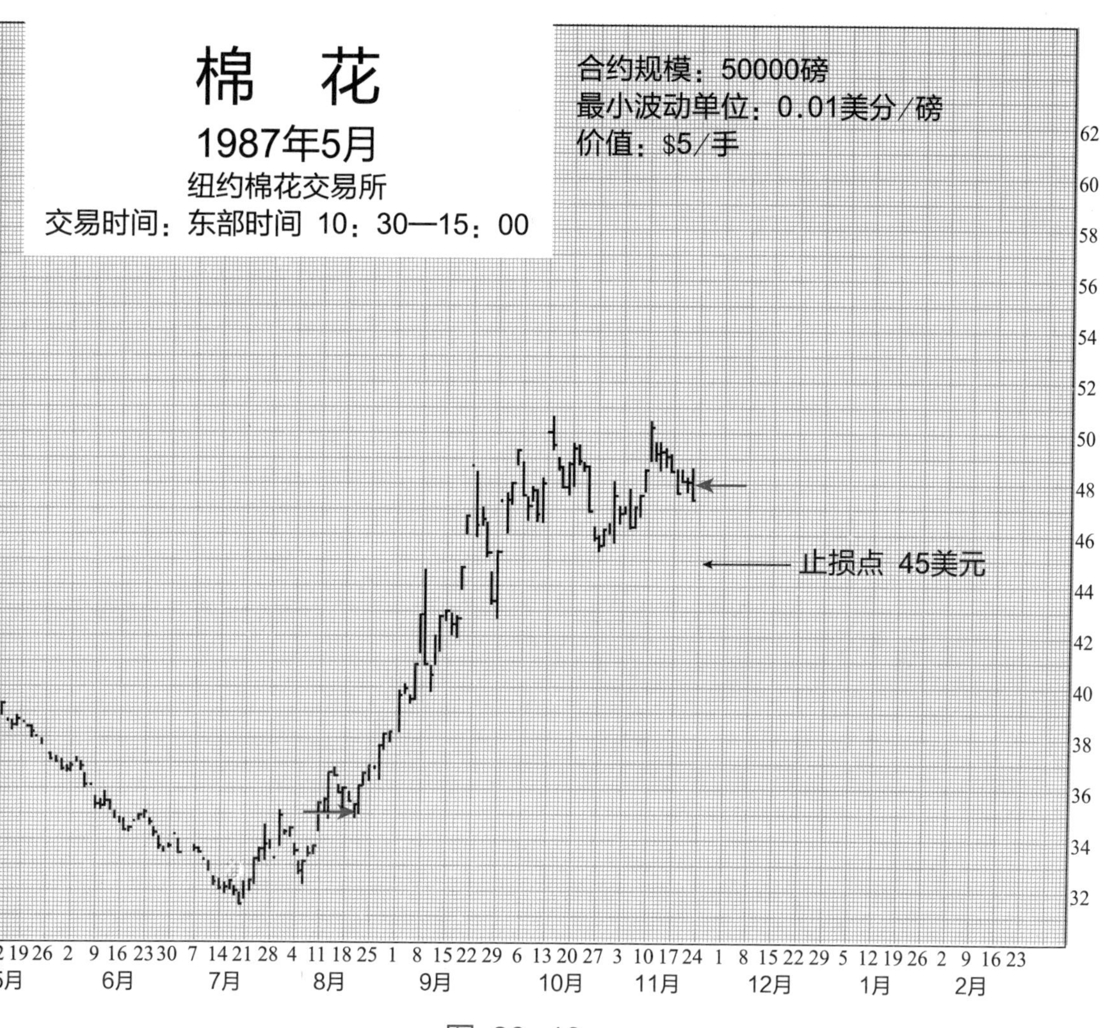

图 26–13

到11月20日，趋势仍然向上，但市场的横向移动更为明显。有些交易者会说这看起来就像要“到头了”。我们是不是应该出场，找些更有潜力的市场？是有这个可能。但是，如果我们要出场，必须沿着趋势方向移动止损点，直到止损触发，带我们出场为止。

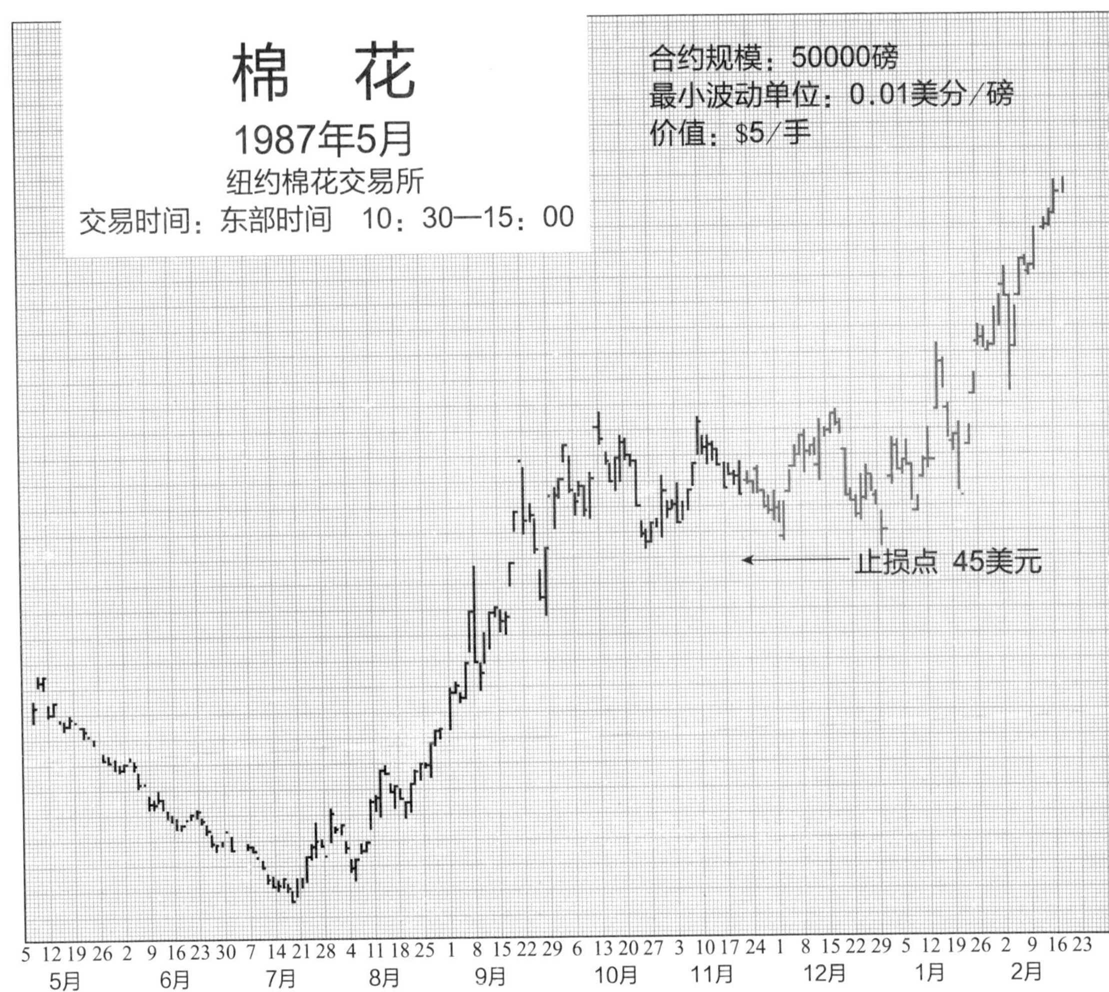

图 26–14

中心对称图显示，这次的横盘可能会持续相当长一段时间。映像图也表明，市场有潜力出现一段可观的涨幅，而且我们在45美元处设定的止损点可以维持到涨势发动为止。我们不妨持有头寸，仍将止损点设在45美元。

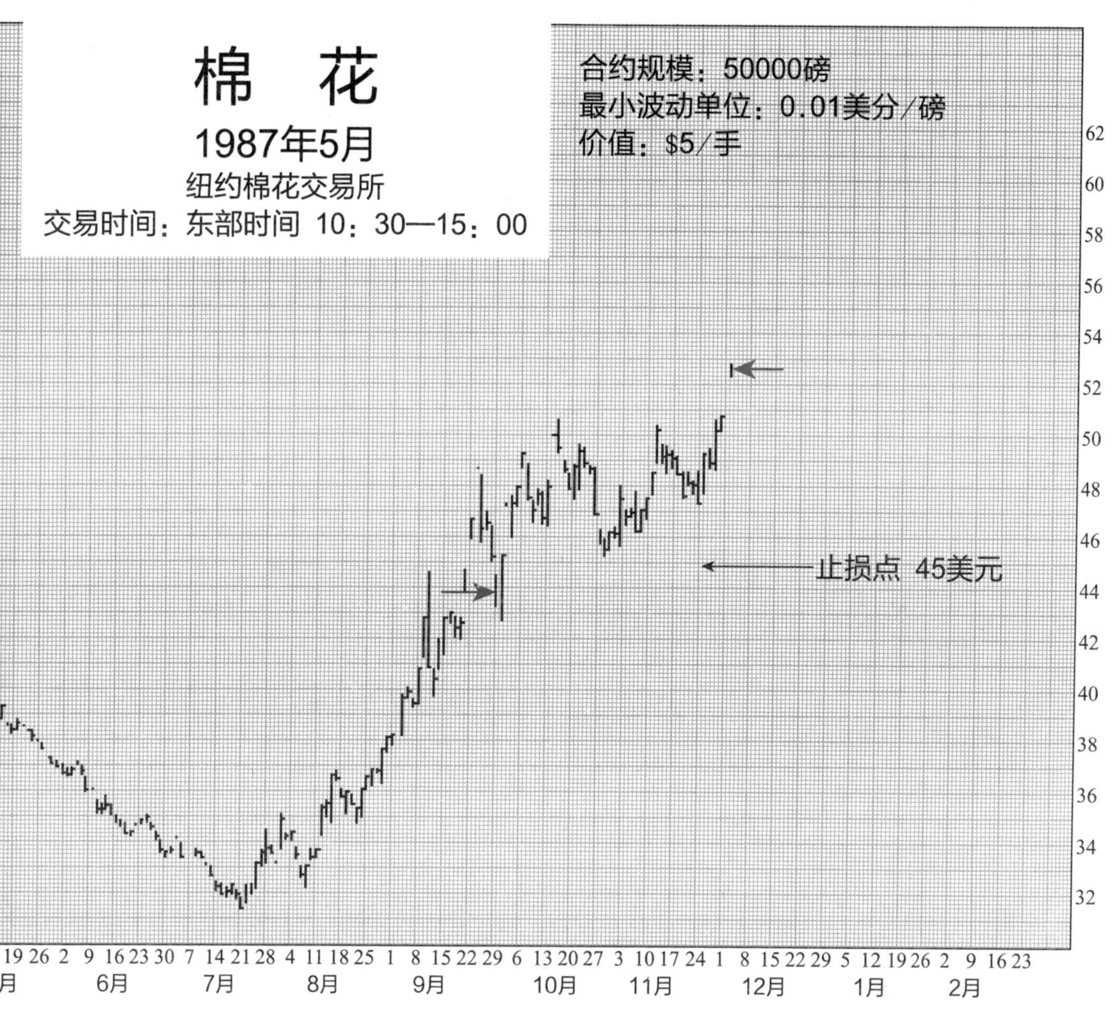

图 26–15

11月29日，市场跳空向上，攻克以前的高点。这个行动满足了线索1的突破和线索3的缺口。这时我们要不要增加头寸？

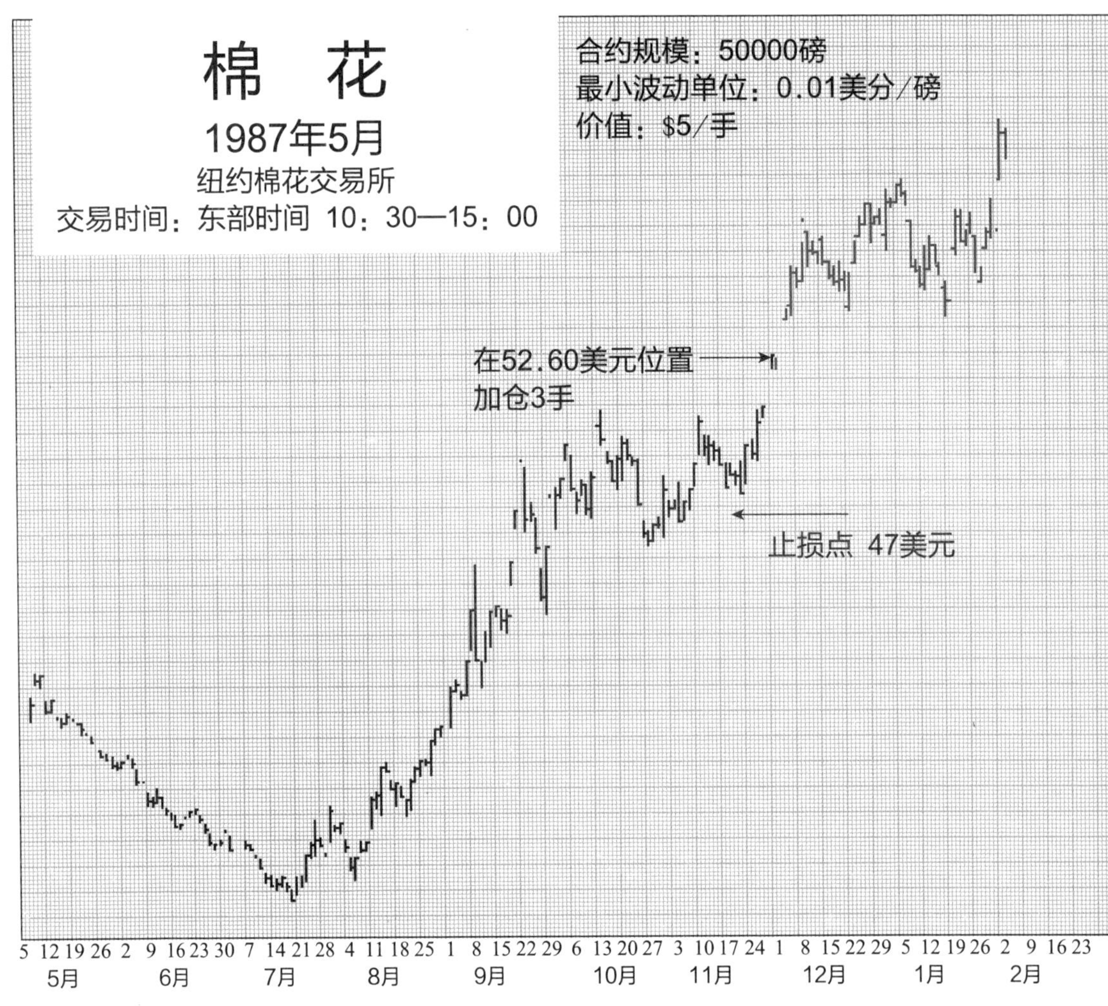

图 26-16

中心对称图显示，市场将会持续一段涨势，继之横向整理，然后再上扬。但是回档仍要高于我们打算进场的价格。我们会在最初5手的基础上增加3手。12月1日，五月棉花的开盘价是52.60美元，我们以这个价买入3手，同时把止损点移到上次的低点47美元处。

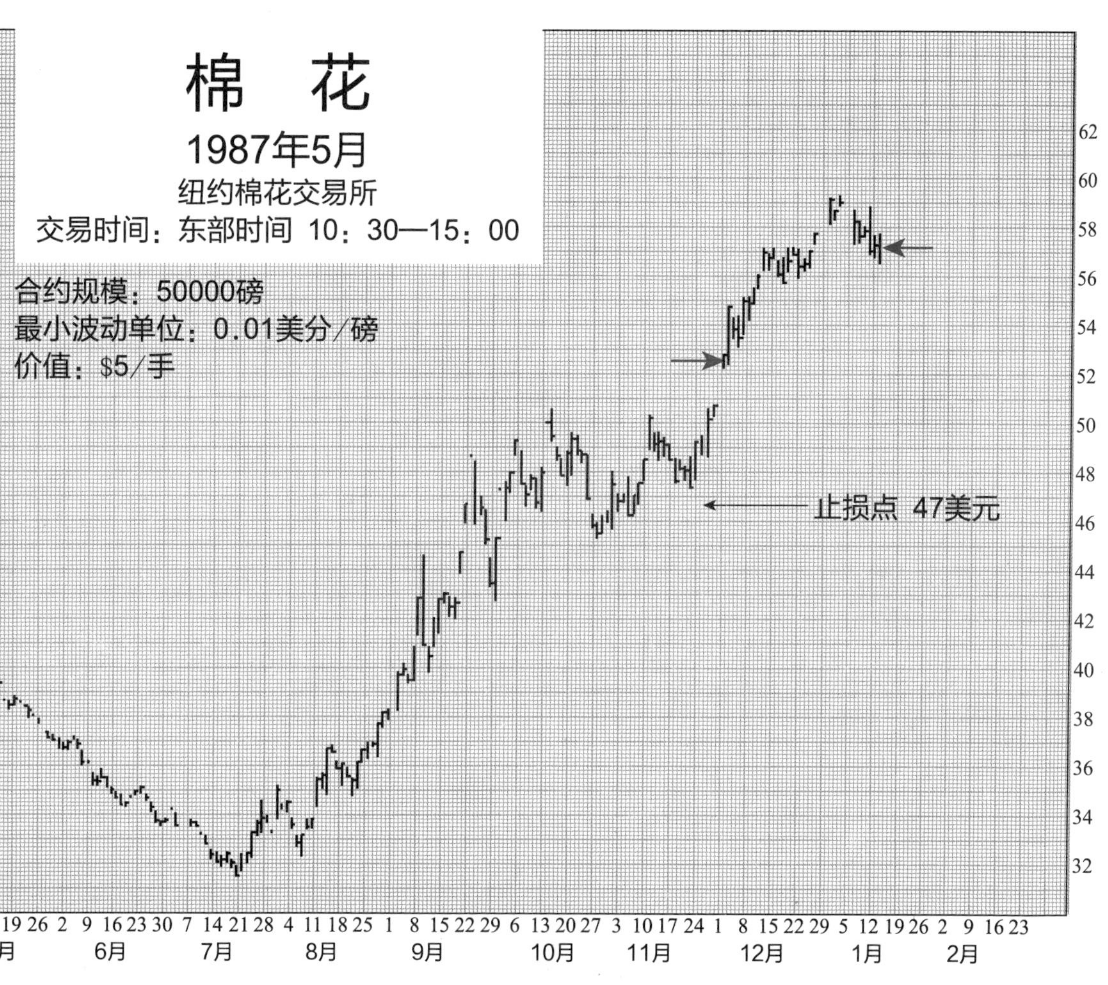

图 26-17

1月5日，我们开始见到回档，到了12日，我们有点担心。

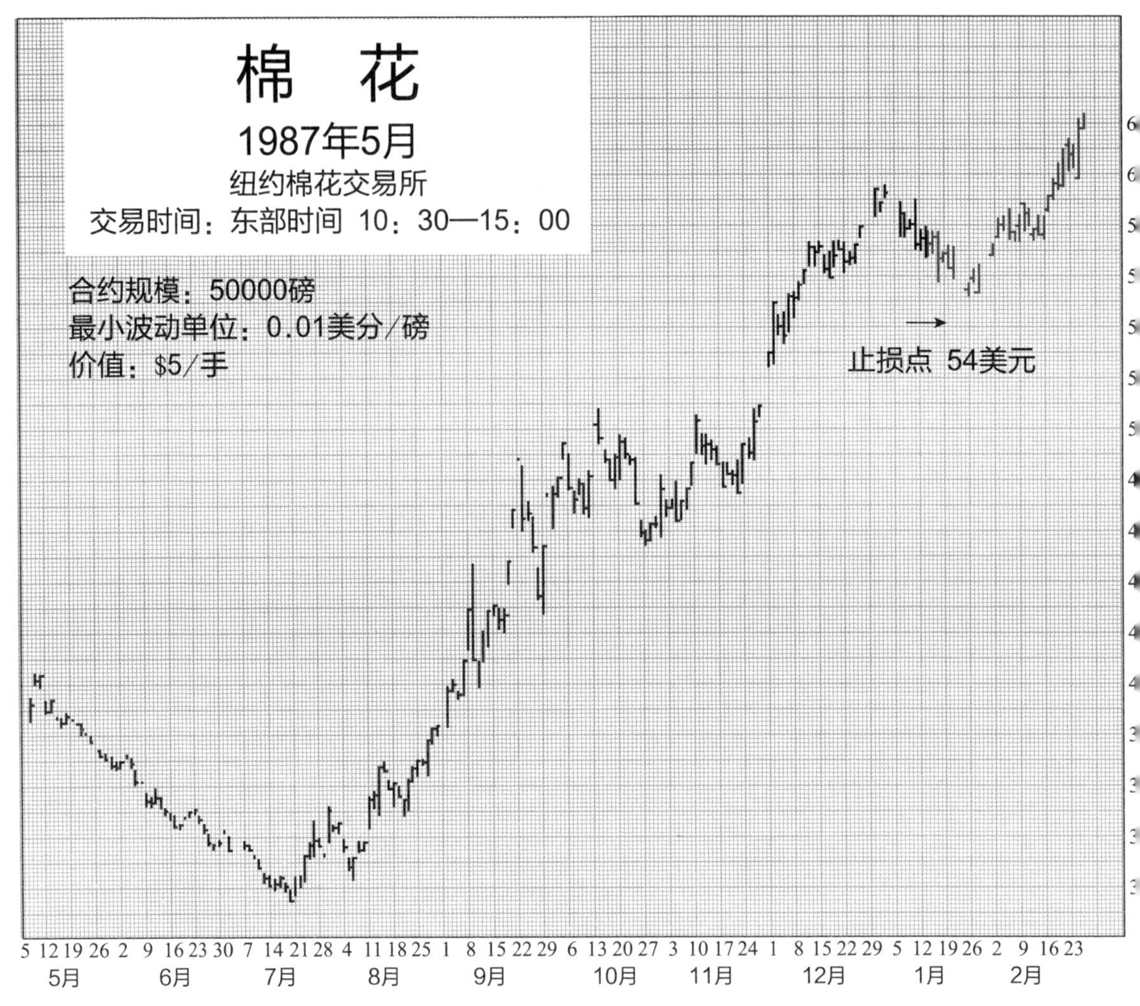

图 26-18

中心对称图显示，市场将回档到55美元附近，所以我们把全部8手的止损点设在54.00美元处。

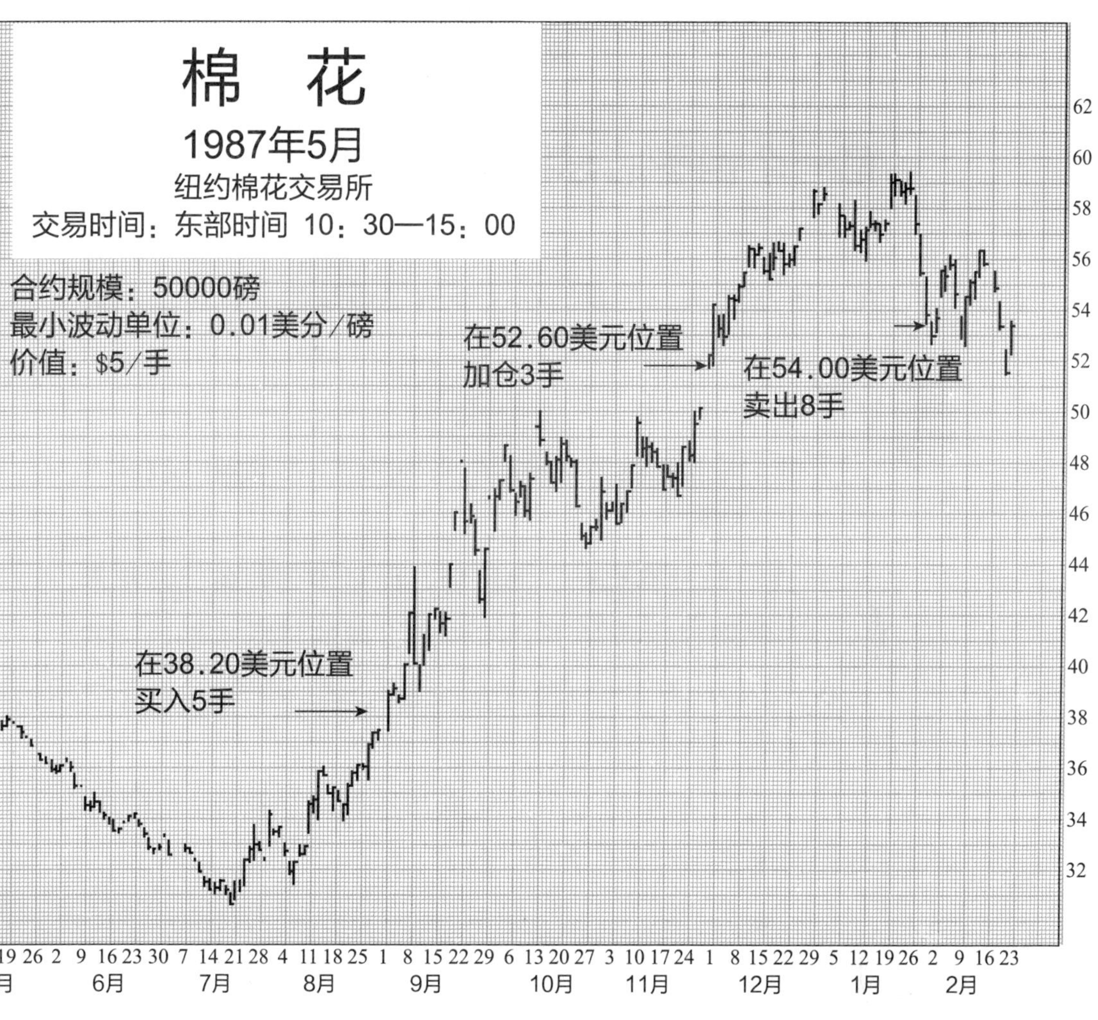

图 26–19

1月29日，我们以54美元卖掉8手五月棉花。所有合约的总利润是83.2点。以每点500美元计算，总利润是41 600美元。从进场那天算起，所有头寸全部获利。所需保证金总额是5000美元。（前5手的利润比后3手的保证金高出更多。）

27

第一个例子的总结

现在快速总结一下我们在这个例子中是如何运用亚当理论的。

（1）我们最初对这笔交易产生兴趣是因为线索2和线索3。

（2）我们并没有想在底部进场，而是等到两条线索都满足且中心对称图显示市场不会回档到目前的进场水平后，我们才进场。

（3）我们根据市场之前的低点初步设定止损点，因为中心对称图尚未指出该在何处设止损。

（4）每一次反转时，我们都在中心对称图显示的预测点下方设止损。我们要么保持止损点不动，要么只沿着交易的方向移动止损点。

（5）就跟原先进场交易时一样，我们在同样的考虑下增加头寸。

(6) 市场虽有狂风巨浪，但是中心对称图的预测会告诉我们未来会怎么走，给我们必要的信心，然后引导我们穿过涨跌不定的区域，直到趋势恢复。

(7) 我们既不是在底部进场，也不是在顶部出场，我们只取一段波动的中间50%。交易时，我们只做正确的事。

请注意，我们绝不允许出现头寸的缺失。现在事情已经没有那么重要，也不会总是以出乎意外的方式发生。重要的是，多数交易者不像我们那样，该进场时勇于进场。这种时候，大部分交易者会认为风险太高……

（我的意思是说，市场涨了那么多之后，可能会急剧回档。最保险的做法是等候回档之后再进场。如果没有很快出现回档，我们应该留意顶部，因为下跌走势可能十分迅速而且获利潜力可观！）

我们从亚当理论知道，速度越快，越接近“现在”时点，对称性就越好。我们知道，跳上一辆正在往西加速的火车，是让我们最后能在西部下车最保险最安全的方法。

28

交易十大守则

我们要再次喊停，重温书中所提，有关交易时该做的正确的事有哪些，然后再看更多的例子，了解如何在市场交易中运用亚当理论。

亚当理论是你交易时的路标，它告诉你，你正往何处去，以及如何去。它告诉你该在何处设止损，以及可以期望什么。它在给你信心以遵循原定计划。

现在我们并不准备重述亚当理论，而是要重述运用亚当理论时要做的正确的事。

吉姆列出了十条守则，涵盖了本文迄今所述有关交易时做正确事的所有内容。交易时，理解和使用这十大守则的重要性，毋庸赘言。

为了便于一目了然，这十大守则特地被安排在同一页。我建议你不妨把这一页影印下来，放在电话机旁边某个方便的地方——也就是你用来给经纪人下达交易指令的电话机旁边。确保你下的任何一张单子，都不违背这十大守则中的任意一条。

基本交易守则

（1）亏损的头寸绝不要加码或“摊平”。

（2）开始建仓或加码时，必须同时设止损，以便在你出错时能带你出场。

（3）除非是朝着交易期望的方向，否则绝不要取消或移动止损点。

（4）绝不要让合理的小损失演变成大的、灾难性的损失。情况不对，立即出场，留得青山在，不怕没柴烧。

（5）任何一笔交易或任何一天的交易，绝不让自己的资金亏损10%以上。

（6）别去抓顶部和底部，让它们自己抓自己。亚当理论永远抓不准顶部和底部——想去抓的交易者也是如此。但是，亚当理论只会错一次——也就是顶部和底部最终出现的时候。

（7）别挡在列车前面。如果市场往某个方向爆炸性发展，千万别逆市交易，除非有明确的证据表明反转已经发生（请注意，是已经发生，而不是将要发生或应该发生）。

（8）保持灵活性。记住你可能会错，亚当理论可能会错，世界上任何事都可能会错。记住亚当理论所说的是概率很高的事，而不是绝对肯定的事。

（9）交易不顺时，不妨休息。如果你一再发生亏损，请退场到别处去度假，让你的情绪冷静下来，等头脑清醒以后再说。

（10）问问你自己，是否全身从里到外都想在市场上赚钱，然后仔细听听答案。有些人心里渴望着赔钱，也有些人只是想找件事做。“认清自己。”

29

十大守则详解

（1）亏损的头寸绝不要加码或“摊平”。

如果你交易的是盈利的头寸，那么在这个时点上你是对的。如果你交易的是亏损的头寸，那么在这个时点上你是错的。在你出错时，唯一的问题是“你会错多久？”唯一的答案是，你会错到由亏损转为盈利，或错到止损触发为止。事情就是这么简单。如果你已经错了，只有两种做法会使你错得比目前更离谱，一种是增加错误的头寸，另一种则会在守则3中说明。

（2）开始建仓或加码时，必须同时设止损，以便在你出错时能带你出场。

开始交易之前，先决定你愿意错多久。这句话的意思是说，“这笔交易我愿意损失多少？”这个决定必须在进场之前作好，因为只有在进场之前，才能作出客观的决定。一旦处在市场之中，你就不再客观了。你已经建立了头寸，作了承诺，现在，期望的成分会与你的冷静和客观的计算相互缠斗。这世上绝没有心理止损这回事。只有把止损设在市场上，才算是真的止损。

（3）除非是朝着交易需要的方向，否则绝不要取消或移动止损点。

你会想要朝着交易反方向移动止损的唯一时刻，是当交易头寸发生亏损，市场对你不利的时候。根据定义，在这个时点你是错的。你会错得更离谱的第二种方式，就是移动止损点，导致这笔交易赔得更多。请记住，你最后一次真正客观的时候，是在进场之前，决定止损的时候。如果你移动止损点，期望的成分便完全压制住了你冷静计算的客观性，你不再是个理性的交易者。恐惧可能会发挥很重要的作用，贪婪可能会构成障碍，但期望一旦占上风，却会使人万劫不复。

（4）绝不要让合理的小损失演变成大的、灾难性的损失。情况不对，立即出场，留得青山在，不怕没柴烧。

只要有一次不遵守这十大守则中的任意一条，就可能发生万劫不复的损失——只要一次就可能。墨菲定律几乎可以保证，只要你有一次“犯规”，那么就是这一次，市场会对你不利以致使你受到伤害。市场是一个可怕的敌人，是在竞技场上与你搏斗的勇士。跟真正的斗士一样，你一旦犯错，它就会乘虚而入。只要你松懈一次，它就会攻击你脆弱的部位，让你血流如注。许多优秀的交易者日进日出，严守纪律，时时保持警觉，然后突然有那么一次，他们坚持自己是对的，从而违反了其中一条守则——丢下警戒，开始期望，然后血流如注。短短几天内赔掉的，可能比一年赚的还多。我知道有许多交易者，包括我自己在内，只因一次的松懈，便赔掉所有的钱。我从没有见过，有人因遵守这些戒律，把裤子也赔掉的。从不会有人因针扎一下而流血致死，轻微攻击不会引起致命的伤口，深长的切口才会要人命！密切注意你的亏损，盈利会自己照顾自己。

（5）任何一笔交易或任何一天交易，绝不让自己的资金亏损10%以上。

恪守以上四项守则，仍可能受到伤害。一种情形是由于很多头寸接近止损点，如果大多数头寸都对你不利，仍可能在一天之内赔掉交易资金的10%以上。由于头寸太多，所以这种事情是可能发生的。有时候，你买的所有东西都同时下跌，你卖的每样东西都并肩上扬。请记住，交易应该是一件乐事。为了享受乐趣，任何时候都不要冒大的风险。

（6）别去抓顶部和底部，让它们自己抓自己。亚当理论永远抓不准顶部和底部——想去抓的交易者也是如此。但是，亚当理论只会错一次——也就是顶部和底部最终出现的时候。

大部分交易者努力想抓住顶部和底部，但他们都赔了钱！有两个理由可以解释为什么这些交易者想抓顶部和底部——自负和贪婪。准确抓住顶部和底部的几率比在拉斯维加斯玩吃角子老虎机还差。每个人都知道这种事。你的敌人也知道，它偶尔会让你抓对一两次顶部和底部，好让你上瘾，继续做这种事。这是一种追求个人满足的旅程，好让你能告诉朋友：由于你对市场的敏锐解读，你在低档买进了黄豆——这完全是自负心理在作祟。你有多少次买到一天（分钟、小时或其他）的低点，并且在波动的过程中，真的持有头寸？

为什么不等反转确立呢？为什么要丢掉反转确立之前的所有利润呢？——这全是贪婪在作祟。你有多少次因为不肯等候而赔了钱？即使你谨遵前面的所有守则，但不顾这一条，你仍然会赔钱。

（7）别挡在列车前面。如果市场往某个方向爆炸性发展，千万别逆市交易，除非有明确的证据表明反转已经发生（请注意，是已经发生，而不是将要发生或应该发生）。

超买的市场绝没有不能再涨的理由，超卖的市场绝没有不能再跌的理由，这是敌人喜欢布置的陷阱。把一张方向性很强的市场图拿给五岁的小孩看，问他明天要站在市场的哪一边。这位小孩根本不懂什么叫超买超卖，什么叫支撑阻力，更别提高深的技术分析。他不知道市场曾经涨得多高，跌得多低，他对基本面一无所知，也没有交易的背景和经验。那么他会怎么告诉你，说他要站在市场的哪一边呢？就是这么简单。别挡在列车前面——坐上去。

（8）保持灵活性。记住你可能会错，亚当理论可能会错，世界上任何事都可能会错。记住亚当理论所说的是概率很高的事，而不是绝对肯定的事。

做对的次数越多就越容易失去灵活性。当你连续六七笔交易都获利之后，难免会洋洋自得，失去灵活性。这就是你的大敌（也就是市场）等着你做的事。它会取回你以前所赚的钱——外加一点鲜血。请永远记住，跟你打交道的是概率，而不是绝对。

（9）交易不顺时，停止交易。如果你一再发生亏损，请退场到别处去度假。让你的情绪冷静下来，等头脑清醒以后再说。

大部分交易者之所以会赔钱，其中一个理由是，不受约束的途径走起来最轻松。当你的财产大幅缩水时，要放手一段时间不是件容易的事。这种时候人们往往会坚守城池，奋战到底，直到反败为胜，然后才休息。你不愿承认自己最近所做的每件事都错了。你会告诉你自己，战斗还没有结束，这只是一时的挫折而已；以前你可以迅速扭转乾坤，这次一定也可以；现在退出就意味着承认失败，而且从头再来时，本钱会少很多。

敌人就喜欢跟有这种心态的交易者玩游戏。现在，交易者处于劣势。由于交易者承受很大的压力，必须迅速反败为胜，所以比较难以保持客观的态度。他会利用平时不利用的机会，他不准备承认已经失败了。他现在很可能不顾这十大守则中的某些守则。不管交易者自己有没有意识到，他现在的心态不是真的相信自己会赢，而是希望自己能赢。在这种情况下，很难让他退出、度假、承认失败。但这也是很少交易者能赢的理由之一——这也是最难走的路。

（10）问问你自己，是否全身从里到外都想在市场上赚钱，然后仔细听听心里的答案。有些人心里渴望着赔钱，也有些人只是想找件事做。“认清自己。”

如果你在市场上交易的真正动机是想赚钱，想赚一些可以在年底花用的钱，那么你迟早会知道，一个人能否在市场上赚钱，取决于他有没有遵守这十大守则。至于他赚多少钱，则取决于他进场出场的方法。

如果你问问自己，是否不管如何真的想在市场上赚钱，然后仔细倾听答案，你就会了解这十大守则的价值。你会发现它们和亚当理论一样珍贵。你会了解，不是只要使用亚当理论或其他任何方法，就可以成为赢家。亚当理论只是给你一个进场的理由。这个理由是，市场很有可能往某个特定方向移动一段时间。

除非你所有的交易都依据这十大守则，否则亚当理论或其他任何方法（世界上没有“明天的华尔街日报”），都不会准确到让你持续赚钱。只有明白这一点，你才会在市场上真正赚钱——到年底可以花用的钱。

你会明白的，当你赚到钱的时候。

* * * * *

现在我们要将亚当理论应用在股市上。我们选择了伊士曼·柯达公司，因为它的图形显示了一些值得注意的事情。

如同前面，我们用不同颜色的线标明预测的时间范围以及中心对称图的预测线型。

我们选择的股票是伊士曼·柯达公司，分析期间是1986年6月到1987年2月。

30

实例——伊士曼·柯达公司

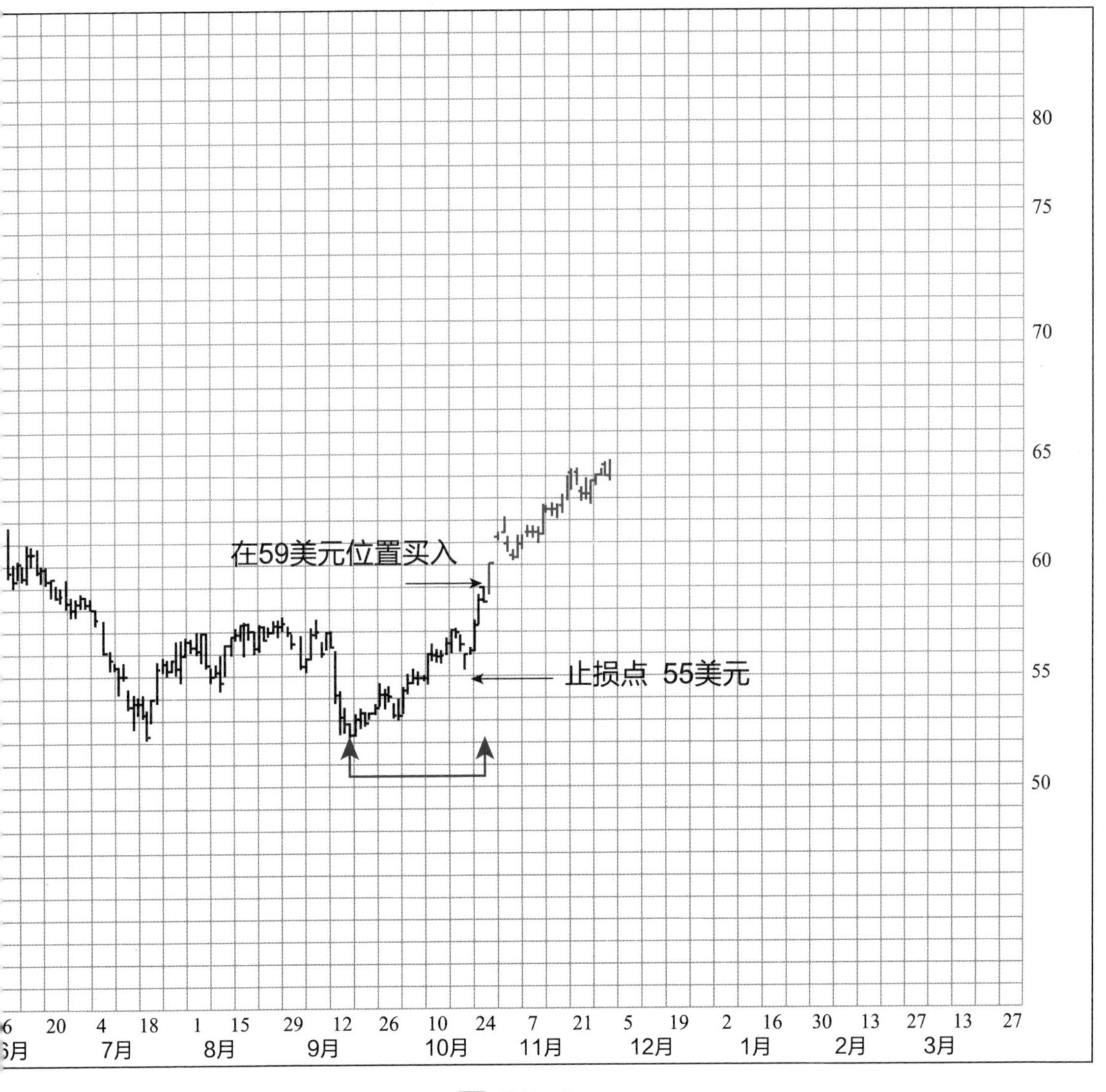

图 30-1

10月24日，股价以两根长红强力突破最近三个月的高点。这波新涨势突破了以前的五个高点，并站在了最近底部之前三个月的所有高点之上。线索1和3已经确立。中心对称图（绿色部分）显示，上涨趋势很有可能持续下去，回档也可能发生在目前的市价之上。次日我们以59美元买进这只股票，并且在上次反转（回档）下方的55美元处设立止损点。

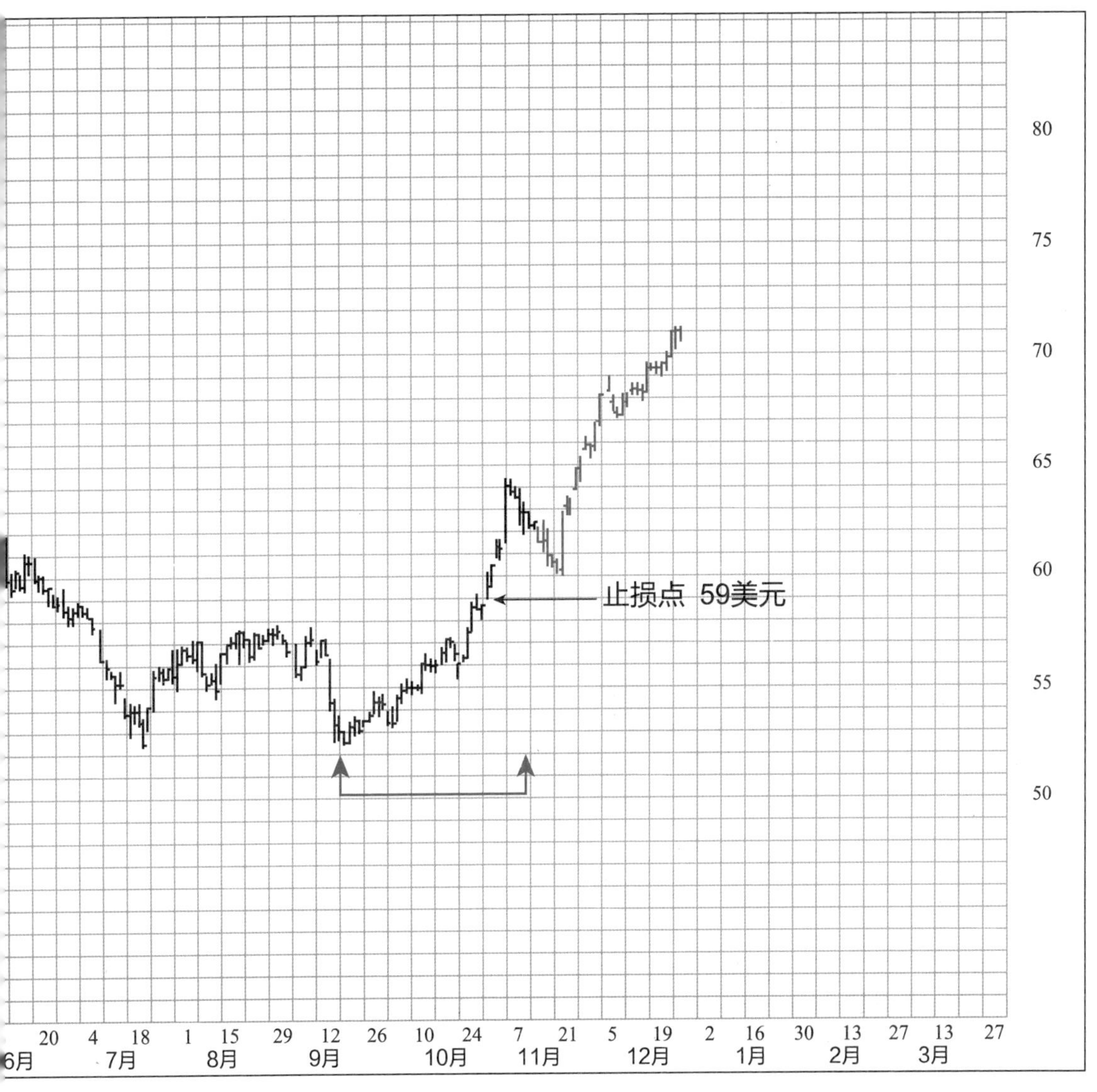

图 30–2

11月10日，第一次反转结束，因为62美元处出现低点。根据这个低点，中心对称图显示，可能的反转几乎不会跌到60美元以下。因此，我们把止损点移到紧贴这个预测值的59美元处。中心对称图接着显示，上升趋势会持续下去。

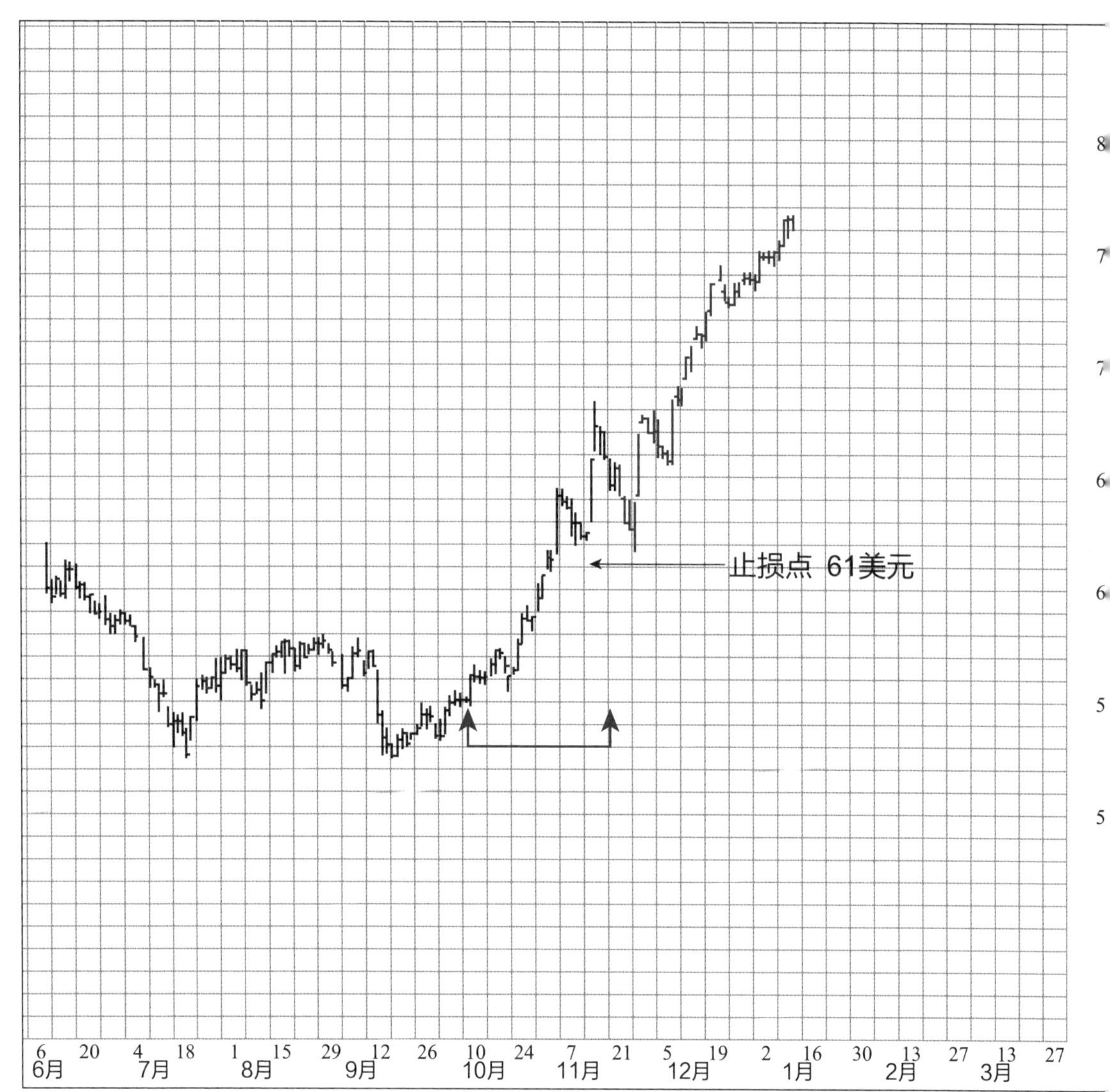

图 30-3

11月18日，第二次反转结束，在64美元上方做了个低点。这一点在中心对称图上显示，市场不太可能跌到61.50美元以下，所以我们移动止损点到61美元附近。

图 30–4

11月30日，另一次反转结束。中心对称图显示，价格很可能保持在64.50美元之上，所以我们再次把止损点往上移到略低于64美元的位置。

图 30-5

12月6日，出现比较严重的反转。中心对称图显示，市场很可能维持在63美元以上，但有机会跌破我们所设64美元的止损位。我们要不要把止损往下移到63美元？你应该早就知道答案了！

图 30–6

市场涨幅可观，振荡加剧，而且在1987年2月7日出现了有意义的反转。中心对称图显示，市场很可能维持在72美元以上，所以我们把止损点上移到71美元。

图 30–7

除非刚好有需要，否则不必要每天画中心对称图预测。只要市场一直朝着你交易的方向前进，就不需要设定新的止损点。但是，一有与交易方向相反的反转（回档）出现，就应该用中心对称图来预测。一旦低点出现，市场开始回升，应该设定新的止损点取代旧的止损点。但有时你会认为，不应该坐等预期中的反转出现。这种情况发生时，你可以把止损点设在让你觉得安心的位置。记住，你永远可以根据中心对称图告诉你的信息，重新回到市场。

31

实例——咖啡豆

图 31–1

最后一个交易实例用来说明亚当理论如何应用在空头市场中。5月中旬，这个市场已经跌得很深，大部分交易者都觉得很“便宜”了，开始寻找双底。可是，它竟跳空向下，跌破上次的低点。线索1和3均已满足，5月28日，我们以210.55美元进场做空。我们把初始止损点设在略高于上次高点的225.00美元处。

图 31–2

6月6日首次出现反弹迹象，接着又跳空向下。中心对称图显示可在212美元处设止损，但实际上我们设在215美元。

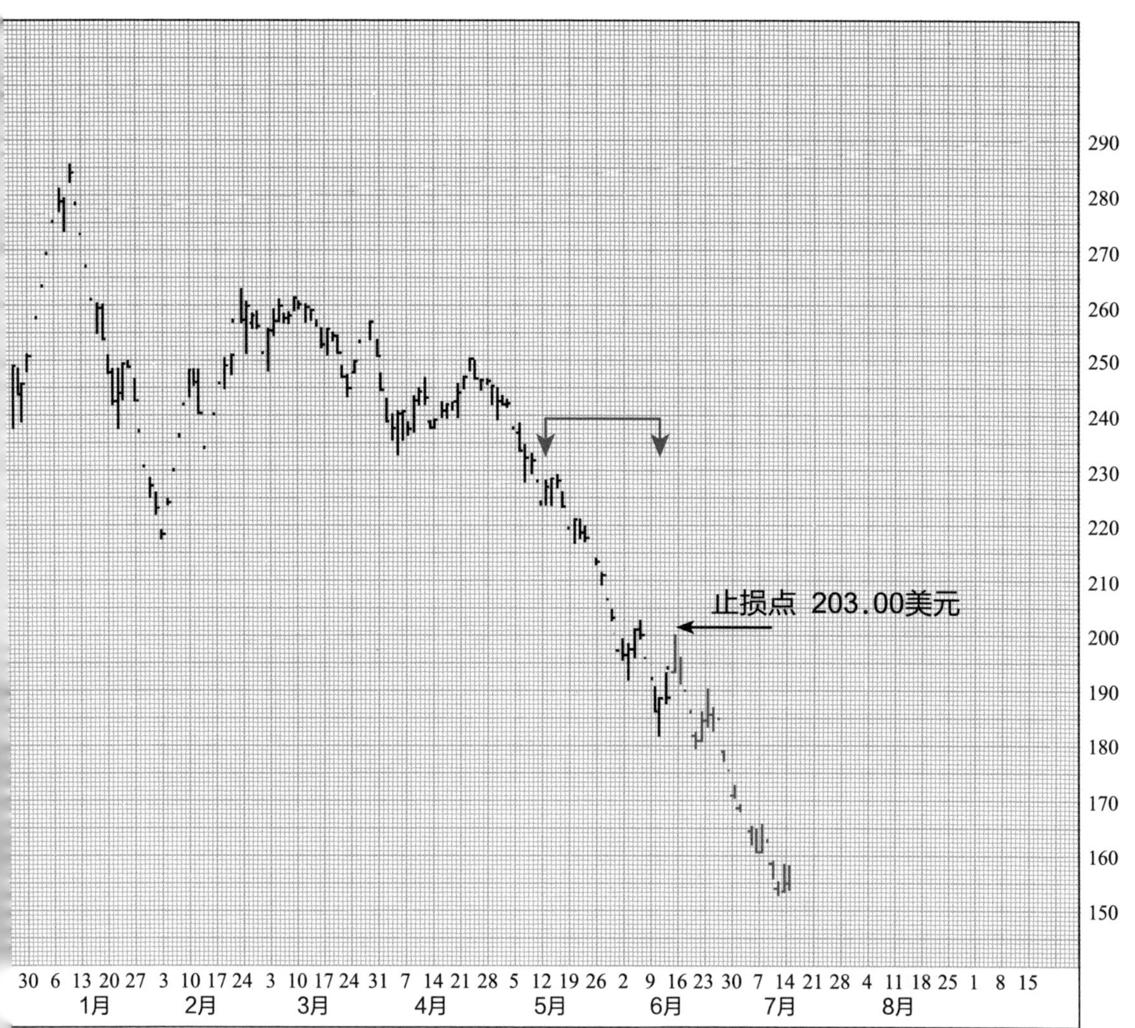

图 31–3

6月13日出现第二次反弹，中心对称图预估反弹会高达200美元，我们向下移动止损点到203美元。请注意，下一次反转也预估出来了。

图 31–4

7月1日另外一次反转出现，显示反转可能到达182美元，我们把止损点下移到185美元。

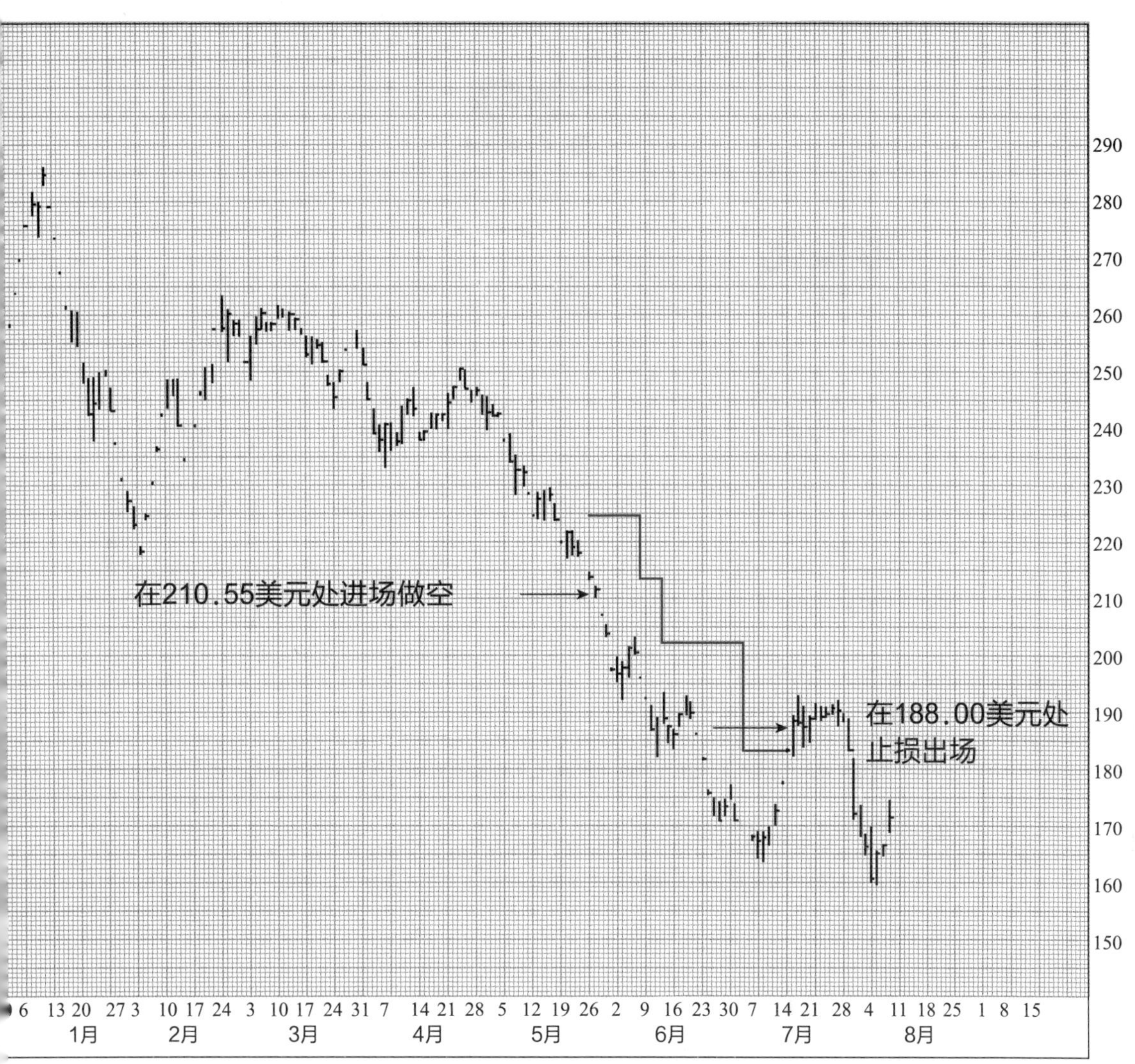

图 31–5

7月9日市场筑底，7月16日开盘时，我们在188.00美元处止损出场。我们并没有在顶部进场——实际上跟顶部还差一大段距离。也没有在底部出场，但我们每份合约赚了22.55点，也就是每手8456.25美元。对普通交易者来说，这种交易看起来风险大吗？也许是吧！亚当理论说，这是我们能做的最安全的交易方法之一。

32

形象化

20世纪80年代初的某一天，吉姆·斯罗曼走在北卡罗莱纳州德罕市的一条街上。他刚刚写完一本书，很有特色地取名为《一无所有》（Nothing）。将近一年来，他花了大量时间、精力和金钱写这本书，然后发表。他身上只剩下几美元，银行账户里也没多少钱，但他一点也不以为忧——事实上，还相当愉快。为什么？

吉姆发现了一种叫形象化（Visualization）的东西。他想象自己马上会成为芝加哥的商品交易员，而且会在密歇根湖边拥有一栋漂亮的公寓。

在这之后没多久，吉姆到了芝加哥，徘徊在期货交易所（Board of Trade）门外。他碰到一个人，这个人当时正在组建大约有十几个交易者的小组。其中有些是非常优秀的交易者，有些则不是。这个人的构想是，这个小组每天都要聚集在一个房间的大桌子旁边，桌上有报价机，他们要在期货市场里交易。这样做的理由有两个。首先，每个人都可以从其他人身上学到一些交易方面的事。其次，全部加起来的交易数量，足以使他们享受较低的佣金费率。

经过一连串似乎毫不相干的事件，吉姆已经筹集了足够的交易资金，可以开始做事了。他应邀加入了这个小组。

没过多久，经历了其他一些看似毫不相干的事件，他住进了可以俯瞰密歇根湖的漂亮公寓——这是唯一一栋配有私人海滩的公寓建筑。

初次认识吉姆的那天，我们到他的公寓去，我记得自己问过他："你到底用什么方法，买下这么棒的公寓？"

吉姆答道："我只是把它形象化，想象自己住在漂亮的公寓里俯瞰密歇根湖的情景，然后经过一连串看似毫不相干的事件，于是我就住在这里了。"

那时我还不知道，接下来几年，全年每一天我都会花一些时间将所谓的形象化技巧应用在期货交易上。

我并不是要大吹特吹，说将所谓的形象化技巧应用在交易上肯定会致富或是什么。我要说的只有一件事。使用形象化技巧一年之后（稍后我会告诉你详情），我可以说，我在交易时没做错过一件事——这些事，在我自认为懂得很多的时候，偶尔也会犯上一犯。事实上，如果我想犯点错，就会觉得浑身非常不自在。比方说，我进场交易，立马就会设止损。有一次我故意晚一点设，想看看自己会有什么样的感觉。结果，即使只是坐在那边看着报价机上的行情，我就开始坐立难安。直到我设定止损，才松了一口气。我已经被调教得很好，在交易时只做正确的事。

关于形象化及相关技巧，实在可以写一本书。但我想用几句话，稍微谈一下我从吉姆身上学到的形象化交易技巧。

形象化的意思是说，在你脑海中描绘某件事的图像。如果这幅图像一再重复，它就会深印在你的潜意识里，不管是你的思考方式，还是所作所为，以及发生在你身上的事都会受到影响。比方说，几年前我开始发福，决心节食，并留意自己吃了些什么东西，以及吃了多少。没多久，我学到了形象化的技巧，每天早上在镜前刮胡子时，我都会自己肯定自己是多么苗条和整洁。很快的，这幅身材苗条整齐的影像就深深刻在我的潜意识里，我不再烦恼自己吃了什么东西，以及吃了多少。我的胃口没有受到影响，我只是不介意会吃得太多。事实上，我相信自己的潜意识，它犹如一部电脑，调节着心跳、呼吸和所有的身体机能，它也在必要时调节着我的新陈代谢，维持我修长的身材。

不管怎么说，这个意思是指，在心灵上把你所想要的东西描绘成一幅图画。这幅图像必须是肯定的，因为你的潜意识不了解负面的事。吉姆基于以下理由，认为人应该在心里创造图像。

· 让自己感觉出情绪适合每一幅图像。

· 让图像如在真实的世界中一般生动、翔实和具体。

· 让图像显示最后的结果，而不是达成这些结果的手段。

· 不断问自己："我真正要的是什么？"而不是"我认为什么事情是可能的？"让自己回答第一个问题，不要去管自己是否认为它可能发生，或是否合乎逻辑。

· 只描绘自己，不要用某种形式描述其他人或做某件事。

· 记住以正面的语录描绘事情，不要用负面的语录。

· 记住，连贯的，每天的形象化必不可少。

· 别让自己陷入泥潭无从解脱。花费不多于20或30秒钟描述每一个项目。如果我难于把某个项目清楚地描绘成图形，那么就尽己所能花个半分钟，而后进入下个项目。

· 每天早上在15分钟以内，完成形象化的过程。

· 在“我更能适应这些图像”的过程中，很自然地从第三人称转为第一人称。

· 每天早上进行形象化过程时，无论如何都不要受干扰。而且，不管在什么情况下，都要在完成这个过程之后，才开始一天的活动。

· 最重要的，记住常葆喜乐之心，享受生命的过程。

* * * * *

以下是我一年来，每天早上形象化的11件事。你得自己画一幅图像，支持每一个构想。你可能想用其他与亚当理论相符的构想。有创造性。最重要的，你必须持之以恒，并享受其中的乐趣。

（1）轻轻松松，快快乐乐，做一位极其成功的交易者。

画像：认为自己是个具有传奇色彩的交易者。

（2）屈服于市场，反映它，追随它。

画像：完成了一次非常成功的交易——心满意足，而且所做的每件事都正确。

（3）观察市场时，保持清晰开放的头脑。（不加评论，也没有偏见。）

画像：看着市场的同时，想象不加评论有多好。

（4）在火车朝某个方向急驰时跳上去。

画像：看着中心对称图，找机会在市场已经快速移动的时候进场。

（5）永远立即设定止损，以防出错时可以小赔出场。

画像：下单的同时设定止损点。

（6）记住，市场不会涨到不能买的地步，也不会跌到不能卖的地步。

画像：市场往我的交易方向再创新高或新低，我还在加码操作。

（7）不以许多小赔为忧，快乐地等候可以赚大钱的波动。

画像：止损触发而出场时，心情轻松愉快，因为我做了正确的事。

（8）永远只朝着交易的方向移动止损，而且只在止损触发时才出场。（让你的利润快速增长。）

画像：拿起电话，下个“取消/换单”（cancel/replace）指令。心里很清楚：除非触发止损，否则永远不出场。

（9）交易规模和频率都不要太大。

画像：持有一个头寸，觉得极其轻松，而且非常放心。

（10）不管赚赔，都淡然处之。

画像：结束一周的交易后，对自己的成功感觉非常轻松，非常舒服——对自己所作所为亦然——在这一周的交易中做了正确的事。

（11）交易的财富目标。

画像：起于A：$100 000交易本钱，然后增加为：

B：150 000

C：225 000

D：350 000

E：500 000

F：700 000

G：1 000 000

H：1 500 000

I：2 250 000

J：3 500 000

K：5 000 000

在心里想象财富依这个方式递增，并集中注意力于下一个数字。已经达到的数字，就把它划掉。

33

有趣的商品交易者

最后这一章的标题，是不是叫你恍然大悟?

我们常常在广告中听到“认真的商品交易员”这个短语，用来描述那些有资格购买广告商品的专业而老道的交易者。我们认为商品或股票交易是种严肃的行业。乖乖，像市场、交易、高杠杆化的情形、市场可能大起大落，这么严肃的事，你的确不能等闲视之。我的意思是说，像这种市场会“吃掉你的午餐”。做错了事，会令你万劫不复。没错，这是个严肃的行业。

许多年前，我碰到一群人，他们几乎每个星期都玩扑克牌。他们玩得很友善，最多输赢几毛钱。我偶尔会插上一脚，而且经常赢钱。牌戏结束后，我常常会回想当时的情景，而且会觉得：不管是输是赢，我都玩了一场很有意思的扑克牌——乐趣无穷。

有一次，有人邀我参加另一群人不同的牌戏。这次的输赢是一美元、两美元加上去，直到最后一张牌翻开为止。这表示，每一手的最后赌注都可能非常高。我马上发现，自己没办法像平常那么轻松地玩。事实上，我玩得十分糟糕。老兄，这种游戏一点都不好玩。这是件很严肃的事！最后我觉得，赔点小钱，溜之大吉为妙。

我认识几个人，他们偶尔玩一玩，而且还赚了不少钱。不久他们觉得，如果能把全部时间投入到交易上，那么不但能改进交易技巧，还能靠交易过活。这么做不仅比每天上班有趣，而且还有赚大钱的机会。

问题是，当他们要获胜才能生存的时候，这就变成了很严肃的事。当你必须在这种压力下，作出重要的投资决策时，你的表现往往就不会那么好——至少不会跟你当初抱着玩玩的心态交易时一样好。当你对它变得很认真时，随着你的恐惧和贪婪之情加剧，你就会失掉客观的态度。

我从几个地方都听到过下面这段故事，所以想它可能有一定的真实性。某一天，现场交易的大约75%的发生在本地。在这一天，市场传出消息说，有一位涉及金额很大，而且表现十分出色的交易者，大量做多市场。那时大势正逐步走低，而且多数人都大量做空。消息传出后，人人都做空，因为他们认为，只要大盘再跌下去，那位大交易者一定会不能忍受自己站在错误的一边，等他也卖出头寸时，大盘将大幅下挫，做空的人会因此大赚一笔。所以，空头逮住每次机会，继续打压市场。

那位交易者终于忍耐不住，下了单子，在更低的价位“买进”一千手！市场继续走低。突然间，价格跌到了他一千手的买价。场内顿时乱成一团。每个人都抢着出场。在一番轧空、触发止损越来越多的情况下，价格一飞冲天。不用再说，等空头都平仓之后，每个人都损失惨重。

人们问那位交易者，为什么他要那么做时，他回答，交易时带点幽默感有利无弊。

这件事我想得越多，越觉得交易者如不过分严肃，那么他会交易得更好，而且好很多；如果他带着玩的心情去交易，我想我知道事情为什么是如此了。

交易者必须经常处理三件事情，它们是客观、恐惧和贪婪。当交易变得过于严肃——当结果攸关生死时，恐惧和贪婪就会左右交易者的决策。情况变得更为严肃之后，交易者就会失掉一些客观性。在某些时候，恐惧和贪婪完全占据了人们的心灵。这种事情发生时，人们往往会作出错误的决策。

如果抱着游戏的心态交易会更好，那么我们该怎么做？这个问题问得好。问题的答案因人而异，但是我会告诉你，我认为怎么做对我最好。

首先，用数字来看市场——用图上的线来看市场。把市场想象成一种挑战，一场好玩的游戏，一场输赢都无所谓的游戏，一场有纪律的游戏。这场游戏要看你能不能只做正确的事。

人们说，商品交易者永远不会快乐。如果他赔了钱，当然不会快乐，因为他赔了钱。如果他赢了，也会觉得不快乐，因为他觉得当初应该建立更大的头寸。好吧，我要告诉你，在市场上交易，怎么样才能快乐。在每一周结束时，如果你能回想你交易的情形，并且说“这周我所做的事样样正确”，那么你真的有理由感到快乐。不管这一周你是赚是赔，都不重要。做了正确的事而赔钱，比做了错误的事而赚钱还要好。做错误的事将使你踏上毁灭之途，做正确的事会确保你迈向成功。

其次，别想“钱”，仅考虑点数。在你还在交易时，别去算那笔交易是多少钱。

第三，别为了钱而交易——你是为了赢得这场游戏而交易。这句话的重点是，别把重心放在钱上，而应放在成功的交易上。只要你是个成功的交易者，钱自然就会滚滚而来。

第四，屏除恐惧和贪婪，一开始只做非常小的头寸。如果交易顺利，再逐步加码，但绝不要加到你开始想“钱”的地步。

我们的目标是玩这场游戏，享受其中的乐趣并获胜——转变成为利润——这才是市场中最要紧的事。

我要用吉姆·斯罗曼的思想来结束本书。

“在上帝眼中，我们的存在和本质十分重要。但是，以我们短暂的生命相对于浩瀚的宇宙来说，却微不足道。我们应该怀有感激之情，为了生存的恩典，为了我们拥有的一切。我们应该让自己快活、玩乐，享受此生的乐趣。

“我们应当为我们能在称为市场的伟大的游戏中进行玩乐交易，怀有感恩之心。但请记住，这只是一场游戏——一场好玩的游戏。当我们放松心情，单纯地享受游戏过程时，我们才会玩得最出色。千万不要变得太认真，不要关心结果。

“游戏结果变得太重要时，它会影响我们玩乐的方式。当它变成严肃或重大的事情时，我们就会在恐惧和贪婪的左右下，玩砸游戏。

“我们赢得游戏的重要性越高，获胜的几率就越低，这是一个悖论。我们抱着玩耍的态度玩游戏时，总能玩得很出色。以下是一些会使游戏变得太沉重的因素，这些因素降低了我们轻松、愉快地玩游戏的能力。

（1）建立了太多的头寸。

（2）止损点设得太远。

（3）冒太大的风险。

（4）想要证明自己比别人交易得好。

（5）参加交易竞赛。

（6）向别人吹嘘自己的头寸。

（7）相对于交易利润，过分提高自己的‘要求’。

（8）不得不依赖交易维持生计。

“总而言之，智者放得开，会随波逐流，会把自己托付给宇宙至高无上的真与善，当不把结果挂在心上时，会轻松愉快地取得好结果。他会让自己尽情享受生存的恩赐，同时抛开自我，以伟大的爱和超然的情操处事，并保持心灵的宁静，因为他知道，河水终将流到它该去的地方。他让自己处在眼前的世界，享受人生每一寸宝贵时光。”

祝你幸运，操作顺利！

结束语

1972年，我放弃了房地产事业，让自己能够全心全意研究市场。我买了一台电脑，开始探索市场中赚钱的奥秘。开始的时候，我用数学模型来研究。1978年我在《技术交易系统新概念》（New Concepts In Technical Trading Systems）一书中，提出了一些模型，这本书在技术交易领域众所固知。

1983年，我得知市场中存在一种完美的秩序，而这种秩序其实很简单，其伪装得很隐蔽以至于从来不为人所知。这个秩序就是为“三角洲理论”。

后来，我又学到了本书所说的亚当理论。

在追寻的过程中，我从非常复杂的方法回归到非常简单的方法。每当我思及此事，总会惊讶地发现，在市场中最重要、最有意义的事，竟然是如此简单。我觉得，能够知道这些事，实在很幸运。

我认为，一个人能在三年之内发现这种市场秩序的同时，还能发现市场内部的对称性，是一件很惊人的事。吉姆·斯罗曼关于市场已有了另一项惊人的发现。市场中不只是存在秩序，在所有的时间范围内，市场都遵循着一个数学方程。

我想，总有一天，他会以某种方式公布这个发现。

关于追寻的过程，我要说的一句话是——实在太刺激了！

附录：日元走势图

日 元
国际货币市场
每周最高、最低价、周五收盘价
最近的期货合约
68
64
60
56
52
48
44
40
36
32
1982
1983
1984
1985
1986
1987

不管是一周的时间范围还是一日甚至是一日内，亚当理论同样管用。本图是日元的周线图。

如果你想在这张日元走势图上练习中心对称图的技巧，请自备一张透明胶片。标签笔在透明胶片上很好写，可以用来描绘当日走势图。你可能也想有本书139、160和167页实例中那样完整的图以供练习。

在历史走势图上练习运用亚当理论，你应该用一张厚纸把图遮住，按部就班地进行。随着新的一天（或一周，根据图上的时间范围而定）出现，在透明胶片上画下当天的走势，然后用中心对称图预测。

举例说明，1984年5月，线索2和线索3出现，长期上涨趋势被打破。缺口和长期高低价差满足线索3。1985年7月，线索2和线索3出现，下跌趋势被打破。1985年9月，当线索1和线索3同时满足时，发生了大事——仅一周时间就攻克了过去三年的高点。这些是你应该寻找的地方——但大部分交易者不会“捕捉”这些事——直到他们学习了亚当理论。

当你正在赚钱的时候祝你玩得开心！